Garten- und Zimmerpflanzen selbst vermehren

Wolfgang Kawollek

Garten- und Zimmerpflanzen selbst vermehren

Saatgutgewinnung
Stecklinge
Veredelung

Naturbuch Verlag

Der Autor:
Wolfgang Kawollek ist Gärtnermeister und Technischer Leiter des Botanischen Gartens der Arbeitsgruppe Botanik der Gesamthochschule Kassel. Erfolgreicher Buchautor des Naturbuch Verlags (»Handbuch der Pflanzenvermehrung«). Buchveröffentlichungen auch in anderen Verlagen, zahlreiche Zeitschriftenbeiträge. Anerkannter Gartenbauexperte.

Bildnachweis:
Himmelhuber 3, 22, 24, 28, 53, 75
Kopp 78
Redeleit 6/7, 9 M
Reinhard 36, 39, 66
Sulzberger 2/3, 30, 38, 40, 50, 65, 69
Werkfoto Romberg 26
Alle übrigen Fotos stammen vom Autor.
Umschlagfotos: Kawollek (2),
Stork/Mein schöner Garten

Die Deutsche Bibliothek –
CIP-Einheitsaufnahme
Kawollek, Wolfgang:
Garten- und Zimmerpflanzen selbst vermehren: Saatgutgewinnung, Stecklinge, Veredlung / Wolfgang Kawollek.
– Augsburg: Naturbuch-Verl. 1992
  ISBN 3-89440-035-8

Naturbuch Verlag
© 1992 Weltbild Verlag GmbH,
Augsburg
Alle Rechte vorbehalten
Lektorat: Robert Sulzberger, Lindau
Konzeption und Layout:
Anton Walter, Gundelfingen
Umschlaggestaltung:
Peter Engel, Grünwald
Zeichnungen:
Helmut Flubacher, Fellbach
Gesamtherstellung: Appl, Wemding
Printed in Germany
ISBN 3-89440-035-8

Vorwort 6

Alles über Samen und ihre Entstehung 7

Samen und Vererbung 8
Die Samenreife 9
Die Reinigung der Samen 11
Samenkauf und F_1-Hybriden 12
Samenveredlung – Saatgut-
aufbereitung 13

Erfolgreich säen 14

Aussaat an Ort und Stelle 15
Aussaat am Fensterbrett 15
Aussaat im Frühbeet 15
Aussaat im Kleingewächshaus 16
Aussaatmethoden 17
  Breitsaat 17
  Reihen- und Punktsaat 17
  Direktsaat in Pflanzeinheiten ... 18
Vorbereiten der Aussaatgefäße .. 18
Behandlung der Aussaaten 19
Pikieren 20

Pflanzen durch Stecklinge vermehren 22

Wann schneidet man Stecklinge? 23
Wie schneidet man Stecklinge? . 23
Wie steckt man Stecklinge? 24
Wie pflegt man Stecklinge? 24

Materialien und Hilfsmittel für die Pflanzenanzucht 26

Traditionelle Gefäße 27
  Saatkistchen 27
  Handkisten 27
Moderne Anzuchtgefäße 27
  Anzuchtplatten 27
  Einwegtöpfe 28
Vermehrungserden 29

Sommerblumen vermehren 30

Aussaat an Ort und Stelle 31
Aussaat und Vorkultur
unter Glas 32
Pflanzung 32
Saat- und Pflanztabelle für
Sommerblumen 33

Beet- und Balkonpflanzen vermehren 36

Gemüse und Kräuter vermehren 40

Aussaat an Ort und Stelle 41
Vorkultur 43
Auspflanzen 44
Saat- und Pflanztabelle
für Gemüse 45
Heil-, Duft- und Gewürz-
pflanzen vermehren 48
Saat- und Pflanztabelle
für Kräuter 48

Stauden vermehren 50

Stauden-Aussaat 51
  Kaltkeimer 51
  Langsamkeimer 52
  Schnellkeimer 52
Stauden vegetativ vermehren 52
  Stauden durch
  Teilen vermehren 52
  Stauden durch
  Stecklinge vermehren 55
  Stauden durch
  Wurzelschnittlinge vermehren . 56
Vermehrungstabelle für Stauden 57

Zwiebel- und Knollengewächse vermehren 62

Vermehrung der einzelnen Arten 64

Gehölze vermehren 66

Gehölze aus Samen vermehren . 67
Samenernte- und Aussaattabelle
für Gehölze 70
Gehölze vegetativ vermehren 72
  Teilung und Ausläufer 72
  Absenker, Ableger
  oder Abrisse 73
  Steckhölzer 75
  Wurzelschnittlinge 76
  Stecklinge 77
Rosen vermehren 79

Obstgehölze vermehren 80

Baumveredlung durch Okulation 82
Baumveredlung durch Kopulation 84
Baumveredlung durch Pfropfen . 85
  Pfropfen in den Spalt 85
  Pfropfen hinter die Rinde 85
Seitliches Einspitzen 86
Beerenobst vermehren 87
  Johannis- und Stachelbeeren .. 87
  Anzucht von Hochstämmchen . 87
  Him- und Brombeeren 87
  Heidelbeeren 87

Zimmerpflanzen vermehren 88

Aussaat 89
Stecklinge 89
Teilung 90
Ableger oder Kindel 90
Ausläufer 91
Absenker 91
Abmoosen 92
Stammstecklinge 92
Blattstecklinge 93
Palmen aus Samen vermehren .. 94

Anhang 95

Bezugsquellen 95
Literaturverzeichnis 95
Register 96

Vorwort

Sicher ist es am einfachsten, sich bereits »fertige« Pflanzen für das Zimmer, für den Balkon, für Pflanztröge oder für Freilandbeete vom Gärtner, aus dem Blumenladen oder dem Gartencenter zu holen. Interessanter und auch preiswerter ist es aber, seine Pflanze selbst heranzuziehen. Ausgefallenere Pflanzen erhält man häufig nur durch eigene Vermehrung. Natürlich bereitet die eigene Vermehrung mehr Mühe, doch man wird entlohnt durch das gute Gefühl, daß man selbst etwas gemacht hat. Außerdem ist es hochinteressant, das Wachstum und die Entwicklung einer Pflanze von klein an bis zur blühfähigen oder früchtetragenden Pflanze zu erleben. Pflanzen können auf unterschiedliche Art und Weise vermehrt werden. Dabei hängt es davon ab, ob man kleinere oder größere Mengen heranziehen, ob man langsamer und müheloser oder schneller, dafür aber mit größerem Arbeitsaufwand zu einer bestimmten Anzahl von Pflanzen gelangen will. Auch die zur Verfügung stehenden Vermehrungseinrichtungen und die benötigten Hilfsmittel beeinflussen die Wahl der Vermehrungsart. Vor allem sollte man wissen, welche Vermehrungsart für diese oder jene Pflanzenart am vorteilhaftesten ist. Soll die Vermehrung erfolgreich sein, so sind zahlreiche Faktoren zu beachten. Pflanzen sind Lebewesen und wollen auch als solche behandelt werden. Sie benötigen ständige Pflege, sie brauchen Wasser, Nährstoffe, Wärme und Licht. Wenn Sie die Hinweise in diesem Buch beachten, werden Sie viel Freude mit der eigenen Vermehrung haben.

Alles über Samen und ihre Entstehung

Die Gesamtentwicklung der höheren Pflanzen teilen wir in die vegetative und die generative Phase ein. In der vegetativen Phase entwickeln sich die Wachstumsorgane, die Stoffproduktion steht im Vordergrund. Die Pflanze erreicht eine gewisse Größe, bevor sie in die generative Phase eintritt und die Blühreife erlangt. Pflanzen, die nur einmal blühen und nach der Samenreife absterben, bezeichnet man als *hapaxanth* (einmalfruchtend). Vollzieht sich die Entwicklung einer Pflanze innerhalb eines Jahres (keimen, wachsen, blühen und fruchten), so spricht man von einjährigen, annuellen oder *monocyclisch-hapaxanthen* Pflanzen. Man unterscheidet dabei zwischen Sommer- und Winterannuellen.

Bei den Winterannuellen erfolgt die Keimung der Samen bereits im Herbst. Die Sämlinge überdauern dann den Winter und entwickeln während der folgenden Vegetationsperiode Blüten und Samen. Bei ihnen vollzieht sich die Entwicklung also über die winterliche Vegetationsruhe, dauert aber weniger als ein Jahr (Herbst und Frühjahr). Zu ihnen gehören unter anderem das Stiefmütterchen, das Gänseblümchen, die Bartnelke und der Goldlack.

Die Sommerannuellen keimen, blühen und fruchten in der gleichen Vegetationsperiode. Hierzu gehören beispielsweise der Salat, die Tomate und alle sogenannten Sommerblumen (siehe auch Seite 31).

Bei den zweijährigen, biennen oder *bicyclisch-hapaxanthen* Pflanzen entstehen die Blüten und Samen erst im zweiten Jahr, nachdem während der ersten Vegetationsperiode ausschließlich vegetative Organe, oft in Gestalt von Rosetten und Rüben, ausgebildet wurden. Hierzu gehören u. a. die Rote Rübe und verschiedene Kohlarten.

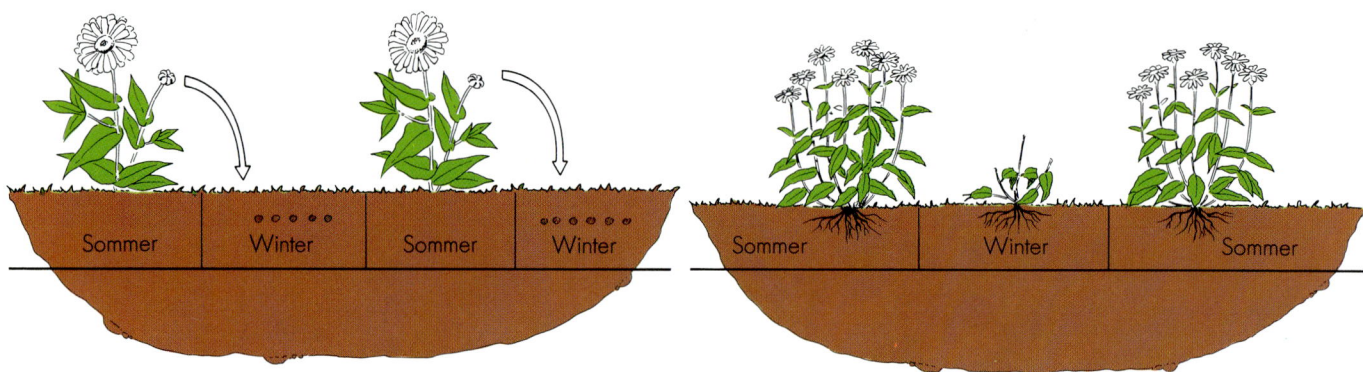

Entwicklungszyklus einer einjährigen (links) und einer mehrjährigen (rechts) Pflanze.

Die Pflanzen, die erst nach mehreren Jahren die physiologische Blühreife erreichen (plurienne oder auch *pleiocyclisch-hapaxanthe* Pflanzen), sind seltener. Sie blühen einmal und sterben danach ab. Zu ihnen gehören z. B. Bromelien und Agaven. Viele von ihnen tragen aber gleichzeitig durch »Kindelbildung« (siehe Seite 90) zum Fortexistieren der Art bei.

Pflanzen, die ihr individuelles Leben nicht mit der ersten Blüten- und Fruchtbildung abschließen, sondern nach Erreichen ihres blühfähigen Alters Jahr für Jahr blühen, werden als *pollakanthe* (häufig blühende) oder auch perennierende Pflanzen bezeichnet. Zu ihnen zählen Stauden, Halbsträucher, Sträucher und Bäume. Bei den letzteren wechseln sich häufig einzelne gute Fruchtjahre mit mehreren schwachen ab.

Vermehrt man Pflanzen vegetativ, so überträgt sich die physiologische Blühreife von der Mutterpflanze auf die Nachkommen. Die Stecklinge blühen häufig schon im Vermehrungsbeet. Während Sämlinge von Gehölzen das lange Jugendstadium

durchlaufen, kann durch Veredlung schon nach wenigen Jahren Fruchtansatz erreicht werden. So würde unser Kernobst ohne die allgemein durchgeführte Veredlung ebenfalls erst nach einigen Jahren zur Blüte kommen. Damit man aber möglichst frühzeitig Obst von einem neugepflanzten Baum ernten kann, werden blühfähige Reiser auf entsprechende Unterlagen gesetzt. Dieses Obst blüht und fruchtet dann nicht erst nach sechs bis zwölf Jahren, sondern bereits im ersten oder zweiten Jahr.

Saatgut und Vererbung

Zunächst muß man sich die Frage stellen, ob es sich überhaupt lohnt, Samen selbst zu ernten. Mit anderen Worten: Welchen Wert hat selbstgeerntetes Saatgut?

Der Wert der Pflanze, die aus dem Samen hervorgeht, wird von den Erbanlagen bestimmt, die sowohl von der mütterlichen als auch von der väterlichen Seite mitgegeben wurden. Weisen die Geschlechtszellen der Vater- und Mutterpflanze die gleichen Erbanlagen auf, so entsteht eine rein- oder gleicher-

bige Pflanze. Eltern und Filialgeneration (Tochtergeneration) sind dann identisch. Weisen die Geschlechtszellen der Vater- und Mutterpflanze Unterschiede in einer oder mehreren Anlagen auf, so sind die Nachkommen ungleich- oder mischerbig, Eltern und Nachkommen gleichen sich nicht mehr in allen Merkmalen. Wenn nun eine solche Pflanze nach der Reduktionsteilung (*Meiose*) wieder Geschlechtszellen produziert, werden hier die einander zugeordneten, vom Vater und von der Mutter stammenden Erbanlagen nach den Gesetzen des Zufalls auf die einzelnen Geschlechtszellen verteilt. Es werden sich also in den Samen und somit in den Pflanzen ständig neue Kombinationen von Erbanlagen ergeben.

Bei Wildarten und bei reingezüchteten Kulturformen werden die Nachkommen relativ einheitlich

Damit beim Alpenveilchen sicher Samen ansetzen, muß mit der Hand bestäubt werden.

sein. Ein Großteil der Kulturformen sind aber nicht reinerbig, sondern mischerbig. Sie weisen in der Regel in der Folgegeneration starke Unterschiede auf, da sie gewöhnlich durch Kreuzung verschiedener Typen mit einem vielfältigen Erbgut entstanden sind. Es ist deshalb nicht verwunderlich, wenn jeder Samen andere, neu gemischte Eigenschaften zutage bringt. Diese können in neuen Blütenfarben, anderen Blattformen oder Wuchseigenschaften ihren Ausdruck finden.

Die Samenreife

Bei der Samengewinnung von Gemüsearten, Zierpflanzen, Stauden und Gehölzen liegen durchweg andere Verhältnisse vor als bei der Mehrzahl der landwirtschaftlichen Kulturpflanzen. Überall dort, wo die Körnernutzung Hauptanbauzweck ist, wurde durch ungewollte wie durch bewußte Auslese eine weitgehende Einheitlichkeit der Samenträger erreicht, die zu einer gleichmäßigen Ausreife der Samen geführt hat. Gärtnerische Kulturpflanzen weisen aber vielfach eine ungleichmäßige Ausreife von Samen und Früchten auf, so daß für die Ernte besondere Maßnahmen erforderlich sind.

Die ungleichmäßige Ausreife kann die Vorernte von Einzelpflanzen, aber auch von Einzelfrüchten erforderlich machen. Als Beispiel sei die Samengewinnung bei Stiefmütterchen erwähnt. Die Pflückreife ist hier erreicht, wenn sich der Blütenstiel streckt, die bräunlich angefärbten Kapseln kurz vor dem Aufspringen sind und sich die Kelchblätter fahl oder gelblich färben. Grüne, von der Pflanze getrennte Kapseln mit hellen Körnern reifen sehr schlecht nach und verderben die Keimfähigkeit und Lagerbarkeit der Samen. Nach Erreichen der

Die Bestäubung der Sonnenblume nehmen uns die Bienen ab (o. l.) Noch nicht reif sind die Früchte dieses Weihnachtssterns (o. r.). Wenn sich die Fruchtstände braun verfärbt haben, kann der Samen geerntet werden (unten).

Pflückreife springen die Kapseln – besonders bei heißem Wetter – sehr schnell auf und verstreuen die Samen. Da pflückreife Kapseln neben vollständig grünen, frisch angesetzten Fruchtknoten, offenen Blüten und Blütenknospen gleichzeitig an ein und derselben Pflanze auftreten, ist es immer wieder notwendig, die reifen Kapseln gezielt herauszupflücken.

Die Färbung der Früchte und Kapseln sowie der Fruchtstengel sind wichtige Merkmale bei der Erntezeitpunktbestimmung. Aber Vorsicht: Es gibt Pflanzenarten, bei denen die Ernte von einem Tag auf

den anderen »wegspringen« kann, wie z. B. bei ausdauernden Wolfsmilcharten. Vorbeugend kann man ein Stoffsäckchen oder eine Pergamenttüte über die reifenden Früchte binden.

Die Gewinnung von Samen und Früchten mit dem Ziel, sie als Saatgut zu verwenden, setzt außerdem besondere Sorgfalt bei der Ernte der Samenbestände sowie bei der Reinigung des Erntegutes voraus. Bei der Ernte sollte man grundsätzlich versuchen, die Frucht oder den Samen so lange wie möglich an der stehenden Pflanze ausreifen und an der geschnittenen Pflanze nachreifen und trocknen zu lassen. Die Wanderung von Nährstoffen aus Wurzel, Sproß und Frucht in das Samenkorn hält solange an, bis seine Verbindung mit der Mutterpflanze unterbrochen, d. h. das Stadium der physiologischen Reife erreicht ist. Ein vor diesem Zeitpunkt geerntetes Samenkorn wird selten seine bestmögliche Ausbildung erreichen.

Die Fruchtstände der Speisezwiebel werden abgeschnitten, sobald sich die Samen schwarz färben, und zur langsamen Nachtrocknung möglichst im Schatten auf Siebrahmen ausgelegt. Bei der Ernte von Erbsensamen ist es sinnvoll, die gesamte Pflanze aus der Erde zu nehmen. Man hängt sie dann kopfüber an Drähten zum Trocknen auf und löst die Samen aus den Früchten, sobald die Schalen so spröde sind, daß sie leicht zerbröseln. Bei Zierpflanzen und Stauden ist ebenso großer Wert auf die volle Ausreife der Samen an der Pflanze zu legen. Die Kapseln der Alpenveilchen *(Cyclamen)* zum Beispiel läßt man an der Pflanze aufspringen und erntet sie, bevor die Samen abtrocknen und ausfallen.

Bei Pflanzenarten mit fleischigen Früchten ist eine ganz andere Erntetechnik erforderlich. Grundsätzlich gilt hier, daß die Früchte vor der Samengewinnung voll ausgereift sein sollen. Dabei ist aber nicht entscheidend, ob diese Vollreife an der Pflanze oder in bereits geerntetem Zustand erreicht wird. Das gilt unter anderem für Gurke, Kürbis und Melone, für Paprika, Spargel und Tomate. Bei diesen Arten reifen die Früchte vollständig nach, wenn die Reifefärbung bei der Ernte schon ein fortgeschrittenes Stadium erreicht hat, wenn Paprika, Spargel und Tomate nur zum Teil rot, Gurke, Kürbis und Melone teilweise gelb verfärbt waren. Sammelfrüchte wie die Erdbeeren müssen jedoch an der Pflanze ausreifen, die Beere muß also vollkommen gerötet sein.

Probleme mit der Keimfähigkeit der Samen kann es bei exotischen Früchten aus Feinkostläden geben, die man vermehren will. Diese Früchte werden nicht selten schon lange vor der Vollreife geerntet und im Lager künstlichen Reifeprozessen unterzogen. Die Samen solcher Früchte haben häufig nicht den für die Keimfähigkeit notwendigen Reifegrad erreicht. Dies trifft

Die Reinigung der Samen bei fleischigen Früchten am Beispiel der Myrte. Die reifen Früchte werden zerdrückt, mit Wasser übergossen, ausgewaschen und schließlich getrocknet.

zum Beispiel auf Kokosnüsse zu, die zum Verzehr angeboten werden. Bei der Gewinnung von Baumsamen wartet man im allgemeinen das Abfallen der vollreifen Früchte ab, um sie dann an Ort und Stelle aufsammeln zu können, z. B. bei der Buche. Besondere Aufmerksamkeit erfordert die Ernte der Samen von Nadelgehölzen. So fallen die Zapfen der Tannen bei Vollreife auseinander und geben die einzelnen Samen frei. Ähnlich ist es bei Fichte und Kiefer: Hier öffnen sich bei sonnigem Wetter die Zapfen und entlassen die Samen, ohne daß der Zapfen auseinanderfällt. In beiden Fällen muß vor der Vollreife geerntet werden.

Die Reifezeiten der verschiedenen Gehölzarten verteilen sich über das ganze Jahr:

Mai	Pappel und Ulme
Juni	Seidelbast und Weide
Juli	Magnolie und Holunder
August	Zwergmispel *(Cotoneaster)*, Weiß- und Rotdorn *(Crataegus)*, Stechpalme *(Ilex)* und Kirsche
September	Ahorn, Roßkastanie, Birke, Ginster, Rose
Oktober	Buche, Walnuß, Birne, Eiche, Linde
November	Erle

Im Herbst reifen auch die Nadelhölzer Tanne, Lärche, Fichte, Hemlockstanne *(Tsuga)* und Douglasie *(Pseudotsuga)*, während für das Einsammeln der Kiefern-Zapfen die Monate Dezember bis April am günstigsten sind.

Den richtigen Reifegrad der Früchte und Samen zu bestimmen, ist nicht immer leicht. Auch ist es nicht möglich, die Reifemerkmale allgemeinverbindlich zu beschreiben. Bei einiger Aufmerksamkeit wird man sich aber bald die nötigen Kenntnisse für die richtige Beerntung der Pflanzen angeeignet haben. Man wird dann erkennen, wie die Frucht gefärbt oder beschaffen ist, wenn die Samen reif sind.

Die Reinigung der Samen

Aus den Zapfen werden die **Baumsamen** durch »Ausklengen über Darren« gewonnen. Unter Klengen versteht man das Öffnen der Zapfen durch warme und trockene Luft. Dazu legt man die Zapfen in flache Kisten und stellt sie im Heizungskeller oder in der Nähe eines Heizkörpers auf. Günstig wirkt sich ein allmähliches Steigern der Temperatur aus. Allerdings darf die Temperatur 45 °C nicht übersteigen, da sonst die Samen geschädigt werden können. Schon bald öffnen sich die Zapfen, und nach einem kräftigen Durchschütteln fallen die Samen heraus. Auch verschiedene Samen von **Laubgehölzen** werden durch eine solche Trockenwärmebehandlung aus den Fruchtkapseln befreit. Zu ihnen gehören unter anderem alle Arten aus der Familie der Zaubernußgewächse (Hamamelidaceae). Baumsamen aus Trockenfrüchten mit fest anliegender Fruchtwandung, wie z. B. Nuß- und Steinfrüchte, läßt man unverändert, da das Lösen aus der Fruchtschale schwierig oder unnötig ist. Saftreiche und fleischige Kleinfrüchte werden in Gefäßen aus Kunststoff, Porzellan oder Steingut zerrieben oder zerstampft und anschließend mit einer geringen Menge Wasser übergossen. Nun läßt man das Ganze leicht rotten

und angären; das Fruchtfleisch wird dabei mürbe und kann schon bald unter fließendem Wasser über feinmaschigem Siebgewebe ausgewaschen werden. Die zurückbleibende Masse wird in Säckchen gefüllt, von Hand ausgewrungen und anschließend auf Papierunterlagen an der Sonne oder künstlich getrocknet. Aber Vorsicht! Wenn die Gärung zu weit fortschreitet, entwickeln sich hohe Temperaturen; hierdurch würden die Samen geschädigt.

Erdbeer-Saatgut läßt sich auch ohne vorherige Gärung nach dem Zerdrücken über einem Sieb mit starkem Wasserstrahl auswaschen. Auf ähnliche Weise gewinnt man auch Gurken- und Tomatensamen. Die **Gurken**früchte werden der Länge nach halbiert und die Samen zusammen mit dem schleimigen Einbettungsgewebe herausgeschabt. **Tomaten**früchte werden zerdrückt und jeweils in Gefäßen vergoren. Nach wiederholtem Umrühren der Maische setzen sich die schweren Samen am Boden der Gefäße ab und können nach dem Abgießen der schwimmenden Bestandteile gewonnen, leicht gesäu-

bert und durch Trocknen lagerfähig gemacht werden.

Samen von **Paprika** schneidet man aus den vollreifen Früchten mit dem Mutterkuchen (*Plazenta* = Teil des Fruchtblattes, an der die Samenanlagen angeheftet sind), trennt sie von dieser durch Abreiben und führt sie der Trocknung zu. Ebenso wird bei **Apfel** und **Birne** verfahren. Das Herauslösen der Samen aus trockenen Fruchtständen, z. B. Hülsen, Schoten oder Kapseln, ist im allgemeinen nicht schwer. Die Fruchtstände werden über Papier oder Stoff vorsichtig ausgeklopft und die Pflanzenreste zur weiteren Nachreife liegen gelassen. Lassen sich die Samen auf diese Weise nicht herauslösen, so legt man die trockenen Früchte auf ein Brett, wo sie mit dem Nudelholz aus der Küche oder mit Hilfe eines Gummihammers zerkleinert werden. Die

Trockene Früchte mit Nudelholz oder Gummihammer zerkleinern. Samen durch Ausblasen und Schwingen des Gefäßes reinigen oder mit Hilfe eines Papiers, über das man den Samen laufen läßt.

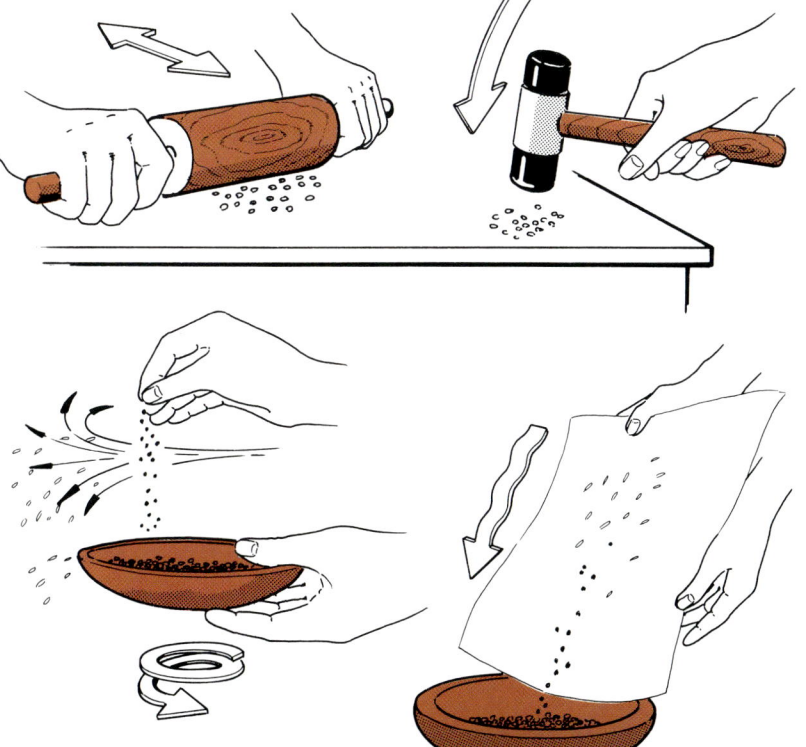

weitergehende Reinigung erfolgt dann mit Hilfe von Sieben, die es in verschiedenen Maschengrößen zu kaufen gibt. Spezielle Rundloch- und Schlitzlochsiebe aus Drahtgeweben oder gebohrten bzw. gestanzten Metallplatten dienen neben der Reinigung gleichzeitig der Sortierung nach Form und Größe. Sehr feinkörnige Sämereien verlangen besondere Reinigungsmaßnahmen. Hier ist die Sauberkeit bei der Samengewinnung schon entscheidend für das Erreichen eines hohen Reinheitsgrades beim fertigen Saatgut.

Viele locker sitzende Samen lassen sich sehr einfach und sicher mit Hilfe eines Auto- oder Tisch-Staubsaugers aus den Fruchtständen absaugen. Natürlich ist zuvor ein frischer Beutel einzusetzen. Insbesondere Samen mit fedrigen Anhängseln, z. B. die Achänen der Korbblütler, lassen sich auf diese Art und Weise gut ernten.

Die sorgfältige Ernte nur der vollreifen Pflanze, von Pflanzenteilen oder Fruchtständen ohne Beimischung samentragender Unkräuter oder mit Erde behafteter Pflanzenteile liefert ein Erntegut, aus dem sich mit relativ geringem Aufwand ein einwandfreies Saatgut gewinnen läßt.

Erdige Bestandteile lassen sich mitunter durch kurzes Waschen auflösen. Es genügt, das Erntegut in ein mit Wasser gefülltes Gefäß zu geben. Durch schnelles Umrühren und Abschütten der an der Oberfläche schwimmenden Verunreinigungen werden z. B. Spreuteile und leichte Körner entfernt.

Die am Boden des Gefäßes abgesetzten schweren Körner werden über ein Sieb ausgespült, in Säckchen gefüllt und durch Schleudern mit der Hand schnell von dem oberflächlich anhaftenden Wasser befreit. Direkt im Anschluß daran sollte bei mäßiger Wärme (25 – 30 °C)

die Trennung erfolgen. Mit Erfolg läßt sich dieses Verfahren bei Saatgut von Salat, Zwiebeln und Schnittlauch anwenden.

Samenkauf und F₁-Hybriden

Der Samenkauf ist in mehrfacher Hinsicht Vertrauenssache. Daher sollte man nur solchen Samen kaufen, der die Gewähr für Keimfähigkeit und einwandfreie Sortenreinheit erwarten läßt. Im Samenfachgeschäft bekommt man mit großer Sicherheit einwandfreie Ware. Außerdem sollte man Sämereien grundsätzlich nicht auf Vorrat kaufen. Der Einkauf ist daher so zu bemessen, daß er den Bedarf für den jeweiligen Aussaattermin deckt.

In den letzten Jahren wurden mehr und mehr Zierpflanzen- und Gemüsesorten durch Neuzüchtungen ersetzt, die die Bezeichnung »F₁-Hybridsorten« oder »Heterosissorten« tragen.

F₁-Hybriden zeichnen sich gegenüber den normalen Samensorten durch wesentliche Qualitätsverbesserung aus. Das können sein: schnellerer Wuchs, Ausgeglichenheit des Bestandes, besondere Widerstandsfähigkeit gegen Krankheiten, besserer Wetterfestigkeit, höhere Erträge, bei Zierpflanzen größere Blüten und besondere Reinheit der Blütenfarbe.

Der Erfolg der F₁-Hybriden beruht auf der Ausnutzung des sogenannten Heterosiseffektes. Dieser entsteht, wenn ingezüchtete, weitgehend gleicherbige (homozygote) Eltern mit entsprechender Kombinationseignung gekreuzt werden. Die Pflanzen in der F₁-Generation sind dann genetisch alle gemischterbig (heterozygot), im äußeren Erscheinungsbild aber sehr gleichmäßig und zeichnen sich durch besondere Vitalität, Gesundheit und hohe Erträge aus.

Beim Nachbau spaltet sich eine Heterosissorte jedoch auf: Die Nachkommen sind sehr uneinheitlich, der Leistungsabfall ist beträchtlich. Es ist deshalb erforderlich, F₁-Saatgut immer wieder durch eine erneute Kreuzung der ausgewählten Elternpaare zu erzeugen. Dies ist auch ein Grund dafür, daß dieses Saatgut immer wesentlich teurer als normales Saatgut ist. Der Vorteil für den Züchter liegt auf der Hand: Er hat damit ein Instrument, seine Sorten auf natürliche Weise vor Nachbau zu schützen. Sie unterliegen damit einem genetischen Züchterschutz.

Auf eins muß noch hingewiesen werden: Die im Handel für den Hobbygärtner erhältlichen Sämereien werden in der Regel nicht nach Stückzahl oder Gramm, sondern in Portionen angeboten. Dies hat den großen Nachteil, daß ein Preisvergleich praktisch nicht möglich ist. In einer Portion der einen Firma kann doppelt so viel sein wie bei einer anderen Firma.

Samenveredlung – Saatgutaufbereitung

Saatgut von Gemüse und Zierpflanzen wird immer häufiger in veredelter bzw. besonders aufbereiteter Form angeboten. Die Saatgutveredlung dient dem Ziel, die erreichbaren Erträge deutlich anzuheben, die Qualität des Erntegutes nachhaltig zu steigern und die Aussaat zu vereinfachen. Die einfachste und gängigste Form der Saatgutveredlung stellt die Reinigung des Saatguts dar. Das Vorgehen ist auf Seite 11 beschrieben.

Unter der Bezeichnung **Normalsaatgut** ist Saatgut im Handel, das von ausgesuchten Pflanzenbeständen gewonnen und nach bestimmten Vorschriften geerntet, getrocknet und gelagert wird. Seine Keimfähigkeit und Triebkraft müssen Mindestanforderungen genügen. Der

F₁-Hybriden zeichnen sich durch große Gleichmäßigkeit und besondere Vitalität aus.

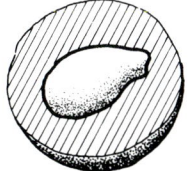

Pillensaat

Inkrustiertes Saatgut

Anteil an Verunreinigungen darf je nach Pflanzenart zwei bis fünf Gewichtsprozente nicht überschreiten. **Kalibriertes Saatgut** wird durch Absieben aus Normalsaatgut gewonnen und in bestimmten Größenklassen geliefert. Es kann von mechanischen Sägeräten gleichmäßiger erfaßt und verteilt werden.

Graduiertes Saatgut, bei dem Körner mit geringerem spezifischen Gewicht ausgeschieden sind, besitzt gegenüber kalibriertem Saatgut höhere Keimfähigkeit und Triebkraft.

Inkrusaat ist in einem Inkrustierverfahren mit Fungiziden, Insektiziden, Naturextrakten, Spurenelementen und sonstigen Wirkstoffen sowie einer farbigen Deckschicht hauchdünn und abriebfest überzogen.

Granuliertes Saatgut wird bei sehr feinen Sämereien, z. B. Begonien, Gloxinien, Pantoffelblumen, Kakteen, Ziertabak und feinsamigen Grasarten angewendet. Das feinkörnige Saatgut wird in eine Granuliermasse eingemischt. Eine Strangpresse drückt die pastöse Masse durch Düsen, wonach sie in Stückchen zerteilt und getrocknet wird. Jedes zylinderförmige Granulatstückchen enthält in statistischer Verteilung einen oder mehrere Samen.

Pilliertes Saatgut ist meist unrundes oder kleines Saatgut von hoher Qualität (graduiert), das mit einer Hüllmasse umgeben wurde, um es für mechanische Sägeräte auf einheitliche Größe und passende Form zu bringen. Die Pillenmasse besteht überwiegend aus organischen Materialien, aus einer mit

Wasser angerührten Mischung von pulverisiertem Torf sowie Holz- bzw. Steinmehl. Sie zerfließt bei Zutritt von Feuchtigkeit und gibt das pillierte Samenkorn, das unter Erde abgelegt werden muß, frei. Es können wachstumsfördernde und schädlingsabweisende Wirkstoffe beigemischt sein.

Diese einfache Pillierung ist für den Freilandanbau gedacht. Pillensaatgut gibt es vornehmlich bei Radies und Rettich, für Möhren, Salat und Kohl findet man Pillensaatgut nur gelegentlich im Angebot. Für die Jungpflanzenanzucht von Zierpflanzen oder Gemüse wird die Erdtopfpille (Potpill) verwendet. Erdtopfpillen bestehen überwiegend aus anorganischen Materialien in zwei Schichten, die eine aufwendige Erdabdeckung der einzelnen eingehüllten Samen überflüssig machen. Feuchtigkeit dringt durch den porösen Pillierungsmantel an die Samen und läßt sie quellen. Die innere Schicht ist quellfähiger, weshalb bei Wasseraufnahme die äußere Hülle gesprengt wird. Das erleichtert das Keimen der Samen. Weiter läßt sich die Aussaat durch die Verwendung von **Saatfolien**, **Saatplatten** oder **Samenteppichen** vereinfachen. Zwischen wasserlöslichem Zellulosepapier oder Kunststoff sind hier die Samenkörner in zweckmäßigen Abständen eingebaut. Solche Hilfsmittel gib es für Gemüse, Blumen und Rasen. Man legt sie auf den vorbereiteten Boden oder in Kisten und überdeckt sie dünn mit Erde. Die Samen keimen im richtigen Abstand und ohne Behinderung, und das Trägermaterial verrottet. **Saatbänder** aus schmalen, doppelten Papier- oder Folienbändern, zwischen denen die Körner eingelegt sind, eignen sich besonders zur Reihensaat, so z. B. von Möhren im Freiland. Auch verschiedene Blumensamen sind als Saatbänder im Handel erhältlich.

Erfolgreich
säen

Aussaat an Ort und Stelle

Die Aussaat an Ort und Stelle ist für Freilandpflanzen (Gehölze, Stauden, Gemüse, Sommerblumen) die einfachste Art der Anzucht. Man braucht dazu außer den üblichen Gartengeräten nichts weiter als das Land und den Samen. Arbeitsaufwendiges Pikieren und Verpflanzen entfällt.

Theoretisch kann man alle Freilandpflanzen direkt an Ort und Stelle ins Freiland säen. Der überwiegende Teil der Pflanzenarten ist jedoch im Jugendstadium besonders wärmebedürftig oder hat eine lange Vegetationszeit, so daß sie erst spät im Jahr blühen würden. Andere besitzen feine Samen, die an Ort und Stelle nur zu einem geringen Teil auflaufen und brauchbare Pflanzen ergeben würden. Beim Anbau von Gemüse wird überwiegend die Aussaat an Ort und Stelle angewandt, bei der Vermehrung der Beetpflanzen, Stauden und Gehölze ist sie die Ausnahme. Allein bei einem Teil der Sommerblumen ist diese Methode üblich. Dabei handelt es sich um besonders leicht wachsende und unempfindliche Arten, die schon wenige Wochen nach der Aussaat mit der Blüte beginnen.

Aussaat am Fensterbrett

Die Aussaat am Fensterbrett stellt einen Notbehelf dar, obwohl bei etwas Geschick und Erfahrung ausgezeichnete Erfolge erzielt werden können. Für dieses Provisorium gibt es natürlich Grenzen bei der Pflanzenauswahl, aber viele weniger anspruchsvolle Arten lassen sich auch unter diesen Bedingungen befriedigend heranziehen.

Wegen der besseren Lichtverhältnisse ist ein helles und sonniges Südfenster am geeignetsten. Damit

die Sämlinge genügend Licht erhalten, müssen sie so nah wie möglich am Fenster stehen, denn ein zu dunkler Platz führt zu einem unnatürlich langgestreckten Wachstum und damit zu qualitativ minderwertigen Pflanzen. Ein keimungsförderndes Kleinklima läßt sich je nach Art und Umfang der Aussaaten durch verschiedene Hilfsmittel erzielen, z. B. durch Bedecken der Aussaatgefäße mit Zeitungen, »Überbauen« mit Folie oder durch den Einsatz von diversen Anzucht- und Zimmergewächshäusern.

Aussaat im Frühbeet

Für viele Sommerblumen, zweijährige Pflanzenarten, Stauden, Gehölze und Gemüsearten sind Frühbeete ideale Vermehrungs- und Anzuchteinrichtungen. Der Frühbeetkasten kann als Standort für die Aussaatgefäße dienen, oder man kann mit geeigneten Erdmischungen (siehe Seite 29) im Frühbeet eine Saatfläche herrichten. Damit die Sämlinge gedrungen wachsen, sollten sie möglichst nahe am Glas stehen. Der Abstand zwischen dem Erdreich und dem Fensterglas sollte daher nicht mehr als 30 bis 40 cm betragen. Hochwachsende Arten werden deshalb im oberen Teil des Frühbeetes und die niedrigwach-

Die Aussaat am Fensterbrett ist ein Notbehelf, doch kann man auch gute Erfolge erzielen.

senden Vertreter im unteren Teil ausgesät bzw. pikiert.

Für zeitige Aussaat im März wird ein warmer Kasten benötigt, während für spätere Aussaaten, etwa ab April, auch ein kaltes, ungepacktes Frühbeet geeignet ist. Der früher für warme Kästen verwendete Pferdedung steht uns nur noch selten zur Verfügung. Als Ersatz kann im Herbst geharktes Laub dienen, welches mit 15 bis 20 Gewichtsprozent-Anteilen von Strohhäcksel oder Langstroh gemischt werden sollte. Das Material wird beim Packen gleichmäßig verteilt und festgetreten. Nach reichlicher Bewässerung gibt man darauf je Quadratmeter Fensterfläche etwa 2,4 kg Kalkstickstoff. Anschließend wird eine ungefähr 15 cm hohe Schicht Aussaaterde aufgebracht. Durch den bald einsetzenden Verrottungsprozeß entsteht die notwendige Erwärmung des Frühbeetes, die auch bei einigen Minusgraden die Aussaaten ausreichend schützt. Beim kalten Frühbeet legt man Anfang bis Mitte März Fenster auf, damit die Erde abtrocknet und sich durch das Sonnenlicht erwärmt. Dann kann man es in der Regel ab Ende März benutzen.

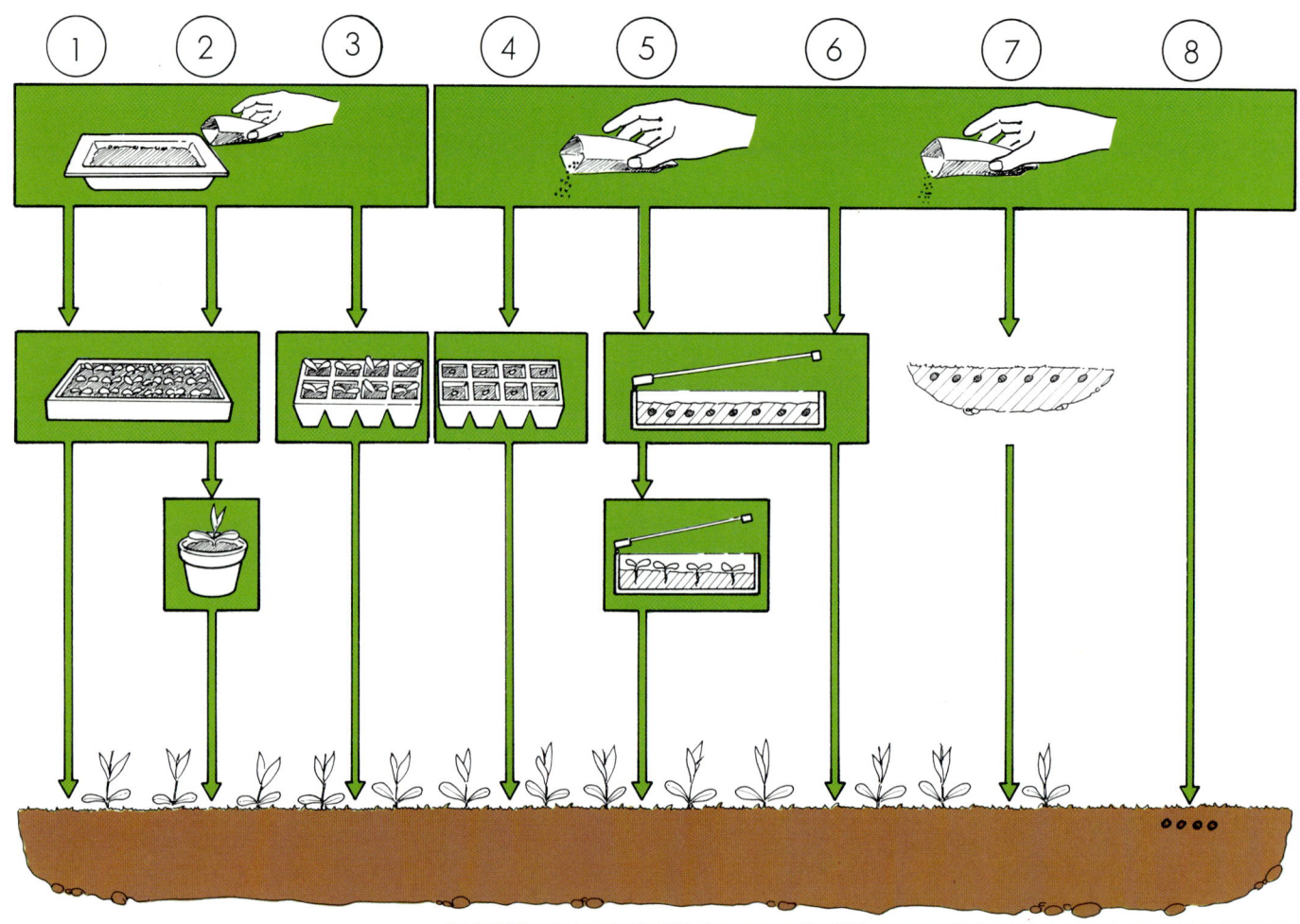

Aussaat
im Kleingewächshaus

In Kleingewächshäusern sind die besten Bedingungen für die Aussaat unter Glas gegeben. Im Handel werden verschiedene Typen von Kleingewächshäusern angeboten, die dem Hobbygärtner die erforderlichen Voraussetzungen bieten. Sie können mit Seitentischen und Hängebrettern ausgerüstet werden. In solchen Häusern lassen sich die verschiedensten Pflanzenarten in Saat- und Pikiergefäßen ausgezeichnet heranziehen. Für die frühen Aussaaten ist allerdings zusätzlich eine Beheizungsmöglichkeit erforderlich.

Anzuchtverfahren

Die Möglichkeiten der Pflanzenanzucht durch Aussaat sind vielfältig. Je nach Pflanzenart, Jahreszeit, örtlichen Voraussetzungen und nicht zuletzt eigenen Anschauungen werden verschiedene Anzuchtverfahren praktiziert.

① Aussaat in Saatkistchen → Pikieren in Pikierkisten → Auspflanzen
Gemüse, Sommerblumen

② Aussaat in Saatkistchen → Pikieren in Pikierkisten → Topfen in Einzeltöpfe → Auspflanzen
Gemüse, z. B. Tomaten, Auberginen, Paprika; Beet- und Balkonpflanzen, Gehölze

③ Aussaat in Saatkistchen → Pikieren in Pflanzeinheiten → Auspflanzen
Gemüse, Sommerblumen, Stauden, Zweijahresblumen, Gehölze

④ Direktsaat in Pflanzeinheiten → Auspflanzen
Gemüse, Sommerblumen, Zweijahresblumen, Beetpflanzen

⑤ Aussaat ins Frühbeet → Pikieren ins Frühbeet → Auspflanzen
Gemüse, Sommerblumen, Zweijahresblumen, Beetpflanzen

⑥ Aussaat ins Frühbeet → Auspflanzen *Gemüse, Sommerblumen, Zweijahresblumen, Beetpflanzen*

⑦ Aussaat auf Anzuchtbeete im Freiland → Auspflanzen
Gemüse, Sommerblumen, Gehölze, Stauden

⑧ Aussaat an Ort und Stelle
Gemüse, Sommerblumen

Aussaatmethoden

Breitsaat

Bei der Breitsaat (auch Flächensaat genannt) werden die Samen breitwürfig auf der jeweiligen Aussaatfläche verteilt. Dabei besteht die Kunst des Säens darin, die Saatfläche gut auszunutzen und den Samen gleichmäßig zu verteilen, damit jeder Sämling genügend Raum zur Entwicklung hat. Die Breitsaat ist besonders wichtig bei Kulturen, die vom Saatbeet direkt ins Freie verpflanzt werden.

Üblich ist die Aussaat aus der Hand oder der Samentüte. Aber auch andere Verfahren werden praktiziert, die nachfolgend beschrieben werden sollen. Bei der Aussaat aus der Hand wird die mit Samen gefüllte Hand in schüttelnder Bewegung über die Erdoberfläche geführt. Die Samen gleiten durch die locker gehaltenen Finger zur Erde. Das Bestreben, den auszustreuenden Samen möglichst gleichmäßig zu verteilen, muß durch die Führung der Hand sowie die enge oder weite Öffnung der Finger unterstützt werden.

Eine andere Möglichkeit ist die Aussaat direkt aus der Samentüte oder mit Hilfe einer gefalteten Postkarte. Samentüte bzw. Postkarte werden mit Daumen und Zeigefinger gehalten und leicht zusammengedrückt, so daß eine kleine Rinne entsteht. Wenn man diese wenig schräg hält und gleichzeitig hin- und herschüttelt oder leicht mit den Fingern an Tüte bzw. Karte klopft, fangen die Samen an zu rutschen oder zu rollen und können genau dort plaziert werden, wo es gewünscht wird.

Da man dunkelfarbiges Saatgut auf dunklem Substrat nur schlecht erkennt, kann man zu einem hilfreichen Trick greifen: Man bepudert die Samen mit Kalkpuder oder Schlemmkreide, damit seine Lage auf der Aussaatfläche besser sichtbar wird.

Bei sehr feinem Saatgut ist die Gefahr einer ungleichmäßigen Aussaat besonders groß. Zumal bei feinsamigen Pflanzenarten eine geringe Saatdichte besonders vorteilhaft ist, weil dann das Pikieren nicht so mühsam und nicht so streng termingebunden ist. Die Kulturzeit ist in der Regel auch kürzer, der Sämling bedeutend stärker entwickelt und somit leichter zu pikieren. Deshalb sollte man das Saatgut mit gleicher oder doppelter Menge trockenen Sandes oder mit dem leichteren

Tonmehl *Vermiculit* mischen. Dadurch läßt sich die optimale Aussaatdichte besser einhalten. Diese Mischung kann man sogar in einen Salz- oder Pfefferstreuer geben, was die Aussaat zusätzlich vereinfacht. Oder man füllt die Samen in ein Babynahrungsglas und spannt über die Öffnung Baumwollgaze. Durch Schüttelbewegungen fällt der Samen dann in geringen Mengen durch die Webmaschen hindurch.

Reihen- und Punktsaat

Die Reihensaat ist in den Gemüsebeeten die gebräuchlichste Methode, kann aber auch in Gefäßen angewandt werden. Dabei können die Samen wiederum durch Schüttelbewegungen von der Samentüte oder der gefalteten Postkarte in die Rillen befördert werden, oder man schiebt sie mit einem kleinen Hölzchen von der Unterlage. Das Markieren erfolgt, indem man am einfachsten ein linealähnliches Holz in die Erde eindrückt.

Zum Einzellegen (Punktsaat) ist eine entsprechende Pinzette das geeignetste Gerät. Um die Saatstellen für die Einzelkornsaat zu markieren, kann man sich selbst ein Nagelbrett herstellen. Die Nagelköpfe drücken dann die Vertiefungen ins Substrat.

Für runde Samenkörner gibt es verschiedenen Sägeräte mit Einzelkornablage auf dem Markt. Für den Hobbygärtner kommen dabei nur wenige Geräte in Betracht. Vielseitig verwendbar ist das »R + S«-Einzelkornsägerät, mit dem pilliertes, kalibriertes und natürlich rundes Saatgut ausgebracht werden kann. Es enthält eine Verteilerscheibe mit fünf verschiedenen Ausfall-

Bei der Breitsaat werden die Samen aus der Tüte geschüttelt, übersiebt und auf der Aussaatfläche angedrückt.

»Naßfingermethode«
zur Direktsaat.

öffnungen mit einem Durchmesser von 0,8 bis 5 mm. Nach Einstellung der Lochung, die der Größe des Samenkorns entspricht, wird mit jedem Bedienungsdruck ein Samenkorn freigegeben.

Direktsaat in Pflanzeinheiten

Die Direktsaat einzelner Körner in einzelne Pflanzeinheiten (siehe Seite 27) führt zu einer Verringerung von Pikier- und Umtopfarbeiten. Größere Samenkörner von Gemüsearten, Sommerblumen, Beet- und Gruppenpflanzen oder anderen legt man mittels Pinzette, einem kleinen Löffel oder dem »R + S-Sägerät« direkt aus. Für Pflanzenarten, die man in der Regel büschelweise im Topf zieht (Tuffs), wie Lobelien, Männertreu, Elfenspiegel (Nemesia) oder Phlox ist die »Naßfinger-Methode« geeignet. Die Samen werden hierzu auf einer Unterlage ausgebreitet und mit dem angefeuchteten Zeigefinger aufgenommen. Über der Saatstelle reibt man die Körner mit dem Daumen ab oder streicht sie am Substrat ab. Es ist verständlich, daß für solche Direktsaaten ausschließlich hochkeimfähiges Saatgut geeignet ist, denn nur so lassen sich Fehlstellen weitgehend vermeiden.

Die Punktesaat ist insbesondere bei großen Samen mit hoher Keimfähigkeit zu empfehlen.

Vorbereiten der Aussaatgefäße

Gebrauchte Aussaatgefäße müssen vor ihrer Verwendung gründlich gereinigt werden. Das darf sich nicht nur auf innen beschränken, sondern auch das Äußere der Gefäße muß entsprechend behandelt werden, damit alle Partikel entfernt werden, die unter Umständen eine Grundlage für die Entwicklung von Krankheitserregern bilden können. Der Feinheitsgrad der zu verwendenden Erde richtet sich nach der Korngröße des Saatguts, damit sich die Erde gut an den Samen schmiegt und die Keimung gleichmäßig verläuft. Dies gilt zumindest für die oberste Bodenschicht. Sollte die Erde sehr grob sein, so muß sie gesiebt werden. Die Siebrückstände können bis zur halben Höhe als Untergrund in die Aussaatgefäße gefüllt werden. Darauf gibt man die gesiebte Aussaaterde, die nach dem Füllen an den Ecken und Rändern angedrückt wird, ehe sie nochmals bis zum Rand übersiebt und sauber mit einer Latte abgestrichen wird. Das Andrücken der Erde an den Rändern und Ecken sollte nicht vergessen werden, weil sie sonst ungleichmäßig dicht liegt

und beim Angießen zusammensackt. Gefäße, die mit einer Scheibe abgedeckt werden sollen, sind nur 1 – 1,5 cm unter den Gefäßrand zu füllen.

Soweit die Aussaaten in der kalten Jahreszeit erfolgen, muß auf die Temperatur geachtet werden. Am besten ist es, die Erde frühzeitig hereinzuholen oder die Saatgefäße bereits einige Tage vor der Aussaat zu füllen und an den vorgesehenen Standort zu stellen. Dadurch nimmt die Erde schon die Raumtemperatur an.

Wie tief muß der Samen in der Erde liegen? Auf diese Frage gibt es keine allgemeingültige Antwort. Sie richtet sich im allgemeinen nach der Größe der Samen. Eine Faustregel besagt, daß man den Samen so hoch mit Erde bedecken soll wie er dick ist. Feinere Sämereien werden nicht abgedeckt, hier genügt das Andrücken. Liegt der Samen zu tief, weil zuviel Erde aufgebracht wurde, so stirbt der Keimling ab, bevor er an die Erdoberfläche gelangt. Bei zu flachem Säen trocknet der Samen leicht aus, und der Keimling stirbt ebenfalls ab.

Behandlung der Aussaaten

Jedes Aussaatgefäß wird umgehend mit dem Namen der Pflanzenart oder -sorte sowie mit dem Datum der Aussaat beschriftet, damit eine Verwechslung der verschiedenen Pflanzenarten später ausgeschlossen ist.

Das **Angießen** muß gründlich, aber vorsichtig erfolgen. Grobe Sämereien kann man mit einer feinen Brause angießen. Bei besonders feinen Sämereien empfiehlt es sich, die Aussaatgefäße in eine Schale mit Wasser zu stellen. So kann sich die Erde von unten mit Wasser vollsaugen, und ein Ab- oder Zusammenschwemmen der Samen wird vermieden.

Bis die Keimpflanze durch die Erde bricht, geht der gesamte Aufbau des Sämlings auf Kosten der Reservestoffe, die im Samenkorn gelagert sind. Erst kurz bevor sich das Keimblatt bzw. die Keimblätter entwickeln, dringt die Wurzel in die Erde ein, so daß die Pflanze dann selbst mit Hilfe der Blätter ihre Aufbaustoffe produzieren kann.

Die **Keimtemperaturen** richten sich nach den einzelnen Pflanzengruppen bzw. -arten. Die in den jeweiligen Tabellen genannten Zahlen sind Richtwerte. Sie sollten nicht wesentlich über- bzw. unterschritten werden, um kräftige, gedrungene und gegen Krankheiten widerstandsfähige Jungpflanzen zu erzielen. Gegen starke Sonneneinstrahlung werden frische Aussaaten und junge Sämlinge mittags zusätzlich mit Papier beschattet. In Frühbeeten kann man hierfür Schattierleinen benutzen. Im übrigen beschränkt sich die Behandlung der Aussaaten auf die richtige Bewässerung. In der ersten Zeit muß die Aussaaterde ausreichend feucht sein, damit der Samen ohne Unterbrechung

quellen kann. Sobald sich der Keimling bildet, darf die Erde zwar niemals trocken werden, aber auch nicht zu naß sein. Die Lebensäußerungen, vor allem auch die Atmung, treten nunmehr stärker in Erscheinung, und damit auch der Sauerstoffbedarf. Dieser richtet sich nicht nur nach den Temperaturen, sondern auch nach dem Feuchtigkeitsgehalt der Luft.

Wichtig! Das **Bewässern** darf niemals nach Terminen, also schematisch vorgenommen werden. Ständige Beobachtung läßt den Wasserbedarf im richtigen Moment erkennen. Wichtig ist, daß die Erde erst leicht abtrocknet, ehe wieder gegossen wird, damit immer wieder Luft Zutritt hat. Außerdem muß man sich zum Grundsatz machen, daß – wenn gegossen wird – die Erde durchdringend gewässert wird. Trübes Wetter und anhaltende Feuchtigkeit der Erdoberfläche lassen sehr schnell die für die Vermehrung typischen Schadpilze auftreten, was sich auf die Sämlinge verheerend auswirken kann.

Das Gießwasser sollte abgestanden und auf etwa 18 °C angewärmt sein. Wenn Aussaaten von Feinsämereien mit Scheiben abgedeckt sind, sollten die mit Tropfen behan-

Um eine gleichmäßige Saatfläche zu bekommen, wird die Erde mit einer Latte abgestrichen.

genen Scheiben anfangs täglich gewendet werden. Denn durch zuviel Tropfwasser wird der Krankheitsbefall begünstigt. Einige Tage nach dem Keimen sind die Scheiben mit Hilfe kleiner Hölzchen zu lüften, ehe sie von den erstarkenden Sämlingen ganz abgenommen werden.

Bei lichtgehemmten Keimern, die anfangs dunkel stehen dürfen, ist es mit Durchbruch der ersten Sämlinge unbedingt notwendig, ihnen sogleich den hellsten Platz einzuräumen. Die ganze Aufmerksamkeit ist dann darauf zu richten, daß die Jungpflanzen kurz und gedrungen bleiben. Das ist aber nur möglich, wenn die **Lichtverhältnisse** mit den Temperaturverhältnissen in Einklang gebracht werden.

Ein **Düngen** der Sämlinge in den Aussaatgefäßen ist in der Regel nicht nötig, denn im allgemeinen wird sofort nach der Ausbildung der Keimblätter das erste Mal in neue Erde pikiert. Eine Ausnahme von dieser Regel kann eintreten, wenn eine Einzel- bzw. Reihensaat durchgeführt wurde. Wo das der Fall ist, wird das Pikieren in der Regel sowieso eingespart. Hier ist

eine Nachdüngung etwa 14 Tage nach dem Auflaufen ohne weiteres angebracht. Dabei muß man sich auf schwache Konzentrationen beschränken, die wöchentlich einmal anzuwenden sind. Geeignet sind dazu alle voll wasserlöslichen Mehrnährstoffdünger, die in einer Konzentration von 0,2 Prozent – das heißt 2 g bzw. 2 ml Dünger je Liter Wasser – angewendet werden sollten.

Pikieren

Junge Sämlinge aus Flächensaaten, wo sich keine vorgeformten Wurzelballen bilden konnten, müssen in der Regel pikiert (vereinzelt) werden, bevor man sie topft oder auspflanzt. Sie erhalten dadurch mehr Platz, Licht, Luft und Nährstoffe. Außerdem ist die Möglichkeit gegeben, gesunde, kräftige Pflanzen gleicher Größe zu bevorzugen, was zu gleichmäßigeren Beständen

führt. Je nach Pflanzenart und eigenen Möglichkeiten wird in Pikierkisten (Handkisten), Pflanzeneinheiten oder zum Teil auch in Einzeltöpfe pikiert (siehe Seite 27 ff).
Der richtige Zeitpunkt zum Pikieren ist gekommen, sobald sich die Sämlinge mit den Blättern berühren und dadurch im Wachstum behindern. Allerdings können auch andere Gründe maßgebend sein, die das Pikieren schon vor diesem Zeitpunkt erforderlich machen. Zum Beispiel dann, wenn Krankheiten auftreten.
Als Substrat wird nun schon etwas kräftiger gedüngte Erde als beim Aussäen verwendet. Die Pikierkisten werden bis zum Rand gefüllt, überflüssige Erde streicht man mit Hilfe eines Stabes oder einer dünnen Latte ab. Vorher wird extra in den Ecken und an den Rändern nochmals ganz leicht angedrückt. Die Erde liegt sonst ungleichmäßig dicht und sackt beim Angießen zusammen.

Gelegentlich wird empfohlen, das Substrat in der Mitte der Pikierkisten etwas zu erhöhen. Das soll bewirken, daß es gleichmäßiger austrocknet, denn erfahrungsgemäß sind die Ränder immer zuerst trocken. Der Vorteil der in der Mitte erhöhten Füllung kann aber sehr leicht zum Nachteil werden, und zwar dann, wenn die Kisten mal etwas zu trocken werden. Dann ist nämlich die Mitte schwer wieder naß zu kriegen, weil das Wasser schnell zu den Rändern hin abläuft.
Die Aussaatgefäße sollten am Tage vor dem Pikieren noch einmal gründlich gewässert werden, auch wenn es normalerweise noch nicht nötig ist, da die Wasseraufnahme in den ersten Tagen nach dem Pikieren sowieso behindert ist. Denn beim Herausnehmen werden bewußt oder unbewußt Wurzelspitzen abgerissen, die dann natürlich für die Wasseraufnahme fehlen. Noch wichtiger aber ist, daß nach gründlicher Wässerung beim Herausnehmen die Erde viel besser an den Wurzeln haftet und so die Störung in erträglichen Grenzen bleibt. Außerdem soll das letztmalige Gießen am Tage vor dem Pikieren bewirken, daß die Erde beim Pikieren nicht mehr klebt.
Die zu pikierenden Pflanzen werden unter Schonung des Wurzelwerkes vorsichtig aus den Saatkisten genommen, indem man mit einem runden oder flachen Pikierholz unter die Wurzel faßt und die Pflanzen anhebt. Man legt sie in ein leeres Kistchen oder lose griffbereit auf die vorbereitete Pikierfläche. Reißen dabei feine Wurzeln ab, ist das nur günstig für die Bildung eines dichten Wurzelballens, denn es bilden sich jeweils neue Wurzelverzweigungen. Bei großen Sämlingen mit schon langen Wurzeln fördert man die Wurzelverzweigung durch Abknipsen der Wurzelspitzen. Stets sollten nur

Zum Pikieren besonders gut geeignet ist ein flaches, spatelähnliches Holz. Pikiert wird bis zu den Keimblättern: links richtig, rechts falsch.

so viele Pflanzen herausgenommen werden, wie in einer halben Stunde pikiert werden können. Es muß vermieden werden, daß die Wurzeln zu lange der Luft ausgesetzt sind, denn darunter würden sie leiden.

Pikiert wird in der Regel einzeln, manchmal auch in Tuffs zu mehreren, in vormarkierten Reihen, im Dreiecks- oder Vierecksverband. Die Abstände beim Pikieren richten sich nach der Art und nach der Stärke der Pflanzen. Grundsätzlich sollte nur so viel Abstand belassen werden, wie unbedingt erforderlich ist. Die Pflanzen wachsen immer besser, wenn sie fast in Tuchfühlung stehen.

Das Pikieren selbst, also das Wiedereinpflanzen, wird zweckmäßigerweise mit einem Pikierholz vorgenommen. Man verwendet Hölzer, die einem dicken Bleistift ähneln und ein trichterförmiges Loch erzeugen. Gut geeignet ist auch ein spatelähnlich zugeschnittener Blumenstab oder ein sonstiges Holz. Das Ende, welches zum Pikieren genommen wird, sollte so spitz wie möglich sein. Dieses Holz drückt man an der entsprechenden Stelle senkrecht in die Erde, um es dann, immer senkrecht haltend, nach einer Seite zu bewegen. Das dadurch entstehende Loch ist viereckig und vor allem unten genauso groß wie oben. Es macht dann keine Schwierigkeiten, die jungen Sämlinge mit den Wurzeln bis zur gewünschten Tiefe hineinzuhalten. Daraufhin wird die Erde in der üblichen Art mit dem Holz an die Wurzeln herangebracht. Im Wurzelbereich dürfen keine Hohlräume bleiben. Zu starkes Andrücken ist aber zu vermeiden. Besonderes Augenmerk ist darauf zu richten, daß die Pflänzchen in der richtigen Höhe stehen. Richtig pikiert wurde, wenn die Keimblätter an der Erdoberfläche aufliegen.

Das Pikieren verschafft den Sämlingen mehr Platz, Licht, Luft und Nährstoffe.

Winzige Sämlinge faßt man am besten mit einer Pinzette, das Pflanzloch wird mit einem angespitzten Stäbchen vorgebohrt. Bei größeren Pflanzen kann das Anfassen, Lochbohren, Einsetzen und Andrücken mit den bloßen Fingern erledigt werden.

Nach dem Pikieren wird mit einer feinen Brause angegossen, damit die Erde mit den Wurzeln bzw. mit dem Wurzelballen innigen Kontakt erhält. Zum Angießen sollte bei Zimmerpflanzen Wasser verwendet werden, das der Temperatur des betreffenden Raumes entspricht. Im Winter ist die direkte Entnahme aus der Leitung auf jeden Fall zu vermeiden, wenn man nicht unliebsame Wachstumsstockungen heraufbeschwören will.

Der Aufstellungsort der pikierten Pflanzen hängt von der Pflanzenart sowie in hohem Maße von der herrschenden Jahreszeit und den örtlichen Verhältnissen ab. Während der ersten Tage wird bei empfindlichen Pflanzen für Verdunstungsschutz gesorgt, indem Folie über die Kästen gespannt wird oder die Pflanzen im Vermehrungsbeet aufgestellt werden. Hier bildet sich eine hohe Luftfeuchtigkeit, so daß die Pflanzen keine Feuchtigkeit mehr an die Luft abgeben können. Haben sich neue Wurzeln gebildet,

können Fenster oder Folie wieder entfernt werden.

Einige Arten werden nach dem Pikieren, andere nach weitläufiger Aussaat auch direkt aus dem Saatbeet in Töpfe gepflanzt. Ob man die Jungpflanzen einzeln oder zu mehreren in die Töpfe setzt und wie groß diese sein müssen, ist von der betreffenden Art abhängig. Deshalb wird in den nachfolgenden Abschnitten jeweils bei den einzelnen Vertretern auf die bewährteste Methode hingewiesen. Es kommen Ton- oder Kunststofftöpfe, Multitopfplatten und vor allem die verschiedenen Torftöpfe in Betracht (siehe Seite 27/28).

Nach erfolgter Keimung ist wesentlich, daß Sämlinge gut abgehärtet werden, bevor man sie ins Feiland auspflanzt, damit sie kräftig und gedrungen wachsen. Mit zunehmendem Wachstum und fortschreitender Jahreszeit wird stärker gelüftet, bis die Fenster schließlich zur Anpassung an die Freilandbedingungen ganz abgenommen werden können.

Pflanzen
durch Stecklinge
vermehren

Die Vermehrung durch Stecklinge vom Sproß (hierzu zählen Kopf-, Trieb- und Stammsteckling) ist die am häufigsten angewandte Methode der vegetativen Vermehrung. Durch Stecklinge vom Sproß lassen sich Zierpflanzen, Stauden, Gehölze, aber auch verschiedene Gewürz- und Heilkräuter gut vermehren. Allein bei den Gemüsearten ist die Vermehrung durch Stecklinge eine seltene Ausnahme.

Wann schneidet man Stecklinge?

Der genaue Zeitpunkt der Vermehrung hängt im wesentlichen von der einzelnen Pflanzenart und ihrem Entwicklungsstand ab. Der optimale Vermehrungstermin ist nicht mit dem Kalender bestimmbar. Bei Gehölzen und Stauden wird nicht selten die Vegetationszeit und damit der Wachstumsstand durch klimatische Einflüsse stark beeinflußt. Verschiebungen bis zu vier Wochen sind ohne weiteres möglich. Man denke nur an lange, strenge Winter, wo der Beginn der Wachstumsperiode weit hinausgeschoben wird. Grundsätzlich ist eine Vermehrung ganzjährig möglich. Am besten ist es aber, die Stecklinge im Frühling zu schneiden, wenn das Wachstum aufgrund der besseren Lichtverhältnisse stärker wird und die neue Pflanze zu ihrer Entwicklung die ganze warme Jahreszeit vor sich hat.

Wie schneidet man Stecklinge?

Je nach Pflanzenart werden krautige, leicht verholzte (halbreife) oder verholzte (reife) Stecklinge geschnitten. Die Pflanzen, von denen die Stecklinge abgenommen werden – man bezeichnet sie als Mutterpflanzen –, sollten gesund und wüchsig sein. Stecklinge von hungrigen Pflanzen mit gelben Blättern bewurzeln nur langsam oder gar nicht, da zu wenig Reservestoffe vorhanden sind. Von kranken oder absterbenden Pflanzen nimmt man Stecklinge nur dann, wenn man die Pflanze erhalten will und weitere Pflanzen der Art nicht mehr zur Verfügung stehen.

> Wichtig ist, daß die Stecklinge weder zu weich noch zu hart sind: zu weiche faulen fast immer, zu harte bilden nur langsam, manchmal gar nicht Wurzeln aus. Was nun zu weich oder zu hart im einzelnen Falle wäre, läßt sich nur schwer beschreiben. Als Faustregel kann man in etwa sagen: Zu hart sind sie dann, wenn sie sich schlecht schneiden lassen; zu weich, wenn das Messer wie durch Vaseline fährt.

Dem Schnitt des Stecklings ist große Bedeutung beizumessen. Man benutzt dazu ein scharfes Messer oder eine scharfe Schere. Bei krautigen Stecklingen sind Rasierklingen gut geeignet. Beim Schneiden ist darauf zu achten, daß sauber geschnitten und die Schnittfläche nicht gequetscht wird. Den Steckling nimmt man erst etwas länger von der Mutterpflanze ab als man ihn braucht. Üblich ist eine Stecklingslänge von 5 – 10 cm mit vier bis fünf Blattansätzen (Knoten oder Nodien). Der Schnitt selbst erfolgt etwa 3 – 5 mm unter einem Nodium. Der Grund, weshalb der Schnitt nicht unter einem Nodium erfolgen sollte und nicht mitten durch das Stück dazwischen (Internodium), ist folgender: Die Wurzelbildung geschieht in der Regel bevorzugt, manchmal ausschließlich von den Nodien aus oder dicht daneben. Dies hängt damit zusammen, daß meristematische Zellen oder solche, die eine größere Regenerationsfähigkeit besitzen, überwiegend oder ausschließlich im Nodienbereich vorhanden sind. Außerdem kommt es in diesem Bereich der Leitbündelverzweigungen zu einem Stau des Wuchstoffstromes, wodurch die Wurzelbildung gefördert wird. Sind an dem Steckling Blüten oder Knospen vorhanden, so sind diese zu entfernen. Auch empfiehlt es sich, das unterste Blattpaar bzw. Einzelblatt zu entfernen, da diese Blätter später – wenn sie in die Erde gesteckt werden – faulen könnten.

Frisch geschnittene Buchsbaumstecklinge mit Vermehrungsgefäß und notwendigem Werkzeug.

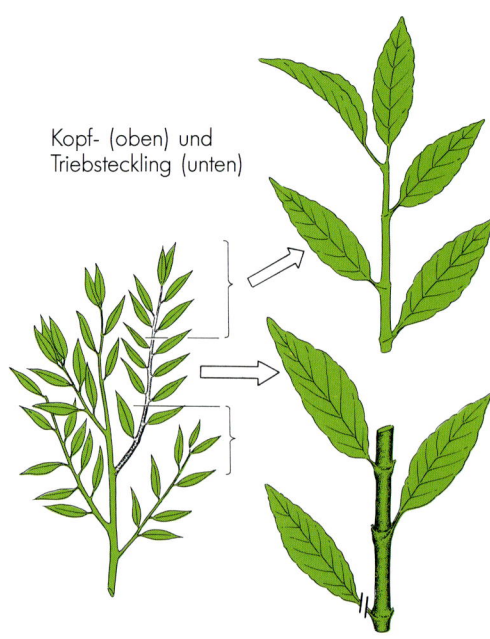

Kopf- (oben) und
Triebsteckling (unten)

Ein frisch geschnittener Steckling verfügt über keine wasseraufnehmenden Organe, da die Wurzeln ja erst noch gebildet werden müssen. Die Wasserverdunstung bleibt aber die gleiche wie bei einer intakten Pflanze mit Wurzel. Deshalb empfiehlt es sich, bei großblättrigen Stecklingen die Blätter ein wenig einzukürzen. Dann lassen sie sich auch besser stecken.
Die geschnittenen Stecklinge wirft man für eine Weile in ein Gefäß mit Wasser, damit sie frisch bleiben. Anschließend legt man sie in einer Kiste ab, bis man einen gewissen Vorrat hat. Danach wird gesteckt. Auf Besonderheiten, die beim Schneiden der Stecklinge der verschiedenen Pflanzengrupen zu beachten sind, wird dort näher eingegangen.

Wie steckt man Stecklinge?

Heutzutage stehen dem Hobbygärtner eine Reihe geeigneter Gefäße aus verschiedenen Materialien, in vielen Abmessungen und Formen zur Verfügung. Welche Gefäße man auch verwendet, ob man gekaufte verwendet oder gebrauchte Joghurt-Becher zweckentfremdet – wichtig sind die hygienischen Eigenschaften. Die Materialien sollten Pilzkrankheiten und anderen Pflanzenschädigern keinen Nährboden liefern. Deshalb Vorsicht bei gebrauchten und schon mehrmals verwendeten Gefäßen!
Das Stecklingssubstrat muß feuchtigkeitshaltend, dabei gleichzeitig gut durchlüftet und keimfrei sein. Welche Substrate diesen Anforderungen entsprechen, ist auf Seite 29 beschrieben. Je nach Art der Stecklinge werden sie entweder gemeinsam zu mehreren in Vermehrungskisten, Pflanzeinheiten oder in Einzeltöpfe gesteckt. Erstgenannte Gefäße haben den Vorteil geringeren Platzbedarfs und leicht regulierbarer Feuchtigkeit. Dem stehen einige Nachteile gegenüber. Besonders ausschlaggebend ist die Störung der Wurzeln bei der Entnahme aus der Vermehrungskiste, was die Entwicklung der jungen Pflanzen empfindlich stören kann. Dieser Nachteil entfällt, wenn die Vermehrung in Einzeltöpfen oder Pflanzeinheiten erfolgt, wo die Wurzeln im unzerstörten Ballen ungehindert weiterwachsen können. Grundsätzlich ist so flach wie möglich zu stecken. Der Steckling muß gerade stehen und darf sich nicht ohne weiteres wieder herausziehen lassen. Neben dieser Standfestigkeit muß eine ausreichende Sauerstoffzufuhr an der Schnittstelle gewährleistet sein, denn die beste Wurzelbildung erfolgt in der obersten, luftnahen Zone.
Bei feintriebigen und krautigen Stecklingen werden die Löcher mit Hilfe eines Hölzchens vorgestochen. Beim Stecken von Teilstecklingen ist darauf zu achten, daß das ursprüngliche untere (basale) Ende auch nach unten in das Vermehrungssubstrat kommt. Denn ein Steckling bildet Wurzeln immer basal – unabhängig von der Lage der Erdbeschleunigung –, während an der Spitze (apikal) Seitenknospen zu neuen Sprossen austreiben. Die Abstände von Steckling zu Steckling richten sich nach der Blattgröße der Arten. Um die Vermehrungsgefäße maximal zu nutzen, sollte in der Regel so gesteckt werden, daß sich die Blätter der Stecklinge berühren. Ist ein Gefäß voll gesteckt, dann wird vorsichtig angegossen, oder man läßt das Gefäß mit Wasser vollsaugen. Bei vielen Pflanzen empfiehlt sich die Behandlung der Stecklinge mit Bewurzelungshormonen, die es auch für den Hobbygärtner auf dem Markt gibt.

Wie pflegt man Stecklinge?

Die Stecklinge sollten bis zur Wurzelbildung hell, aber vor Prallsonne geschützt werden. In der Wohnung sind Ost-, West- und Südfenster geeignet. Damit es nicht zu einer übermäßigen, pflanzenschädlichen Erwärmung der Vermehrungseinrichtungen kommt, müssen diese bei direkter Sonnenbestrahlung schattiert werden.
Auf die Bewurzelung hat neben dem **Licht** auch die **Temperatur**, insbesondere die Bodentemperatur,

einen großen Einfluß. Für eine schnelle, gleichmäßige, optimale Bewurzelung sind zur Stecklingsvermehrung Bodentemperaturen von 20–25 °C erforderlich. Eine hohe Bodentemperatur bewirkt eine Steigerung der Atmung an der Schnittfläche des Stecklings. Dies führt zu einer vermehrten Zellteilung und somit zu einer schnelleren Wurzelbildung. Die Lufttemperatur kann dabei niedriger sein. Optimale Temperaturen sind bei Verwendung von entsprechenden Vermehrungseinrichtungen mit Bodenheizung erreichbar.

Ein Steckling wird in dem Augenblick, wo er von der Mutterpflanze abgenommen wird, von der Wasserzufuhr abgeschnitten. Trotzdem wird weiterhin Wasser verdunstet. Daher muß für eine Einschränkung der **Verdunstung** gesorgt werden, denn die direkte Wasseraufnahme über die Schnittstelle ist sehr gering. Der Steckling muß also seinen Wasserbedarf vorwiegend der Luft entnehmen. Aus diesem Grund muß die relative Luftfeuchtigkeit in der Umgebung der Stecklinge so hoch wie möglich gehalten werden. Verbraucht ein Steckling mehr Wasser als er aufnehmen kann, so beginnt er zu welken. Die Spaltöffnungen, über die der Gasaustausch erfolgt, werden geschlossen. Mit dem Schließen ist eine Einschränkung der CO_2-Aufnahme verbunden. Der Steckling kann keine Photosynthese mehr betreiben und somit keine Körpersubstanz und auch keine Wuchsstoffe produzieren, die zur Wurzelbildung benötigt werden. Vermehrungseinrichtungen für Stecklinge müssen deshalb möglichst dicht abschließen, damit im Inneren eine hohe Luftfeuchtigkeit erreicht wird.

Für einen oder wenige Stecklinge genügt ein **Abdecken** mit dünner PE-Folie. Diese läßt einen Luftaustausch zu, ohne daß die Feuchtigkeit verloren geht. Sie wird sofort nach dem Angießen aufgelegt und allseitig gut verschlossen. Bei etwas empfindlicheren Arten sollte zwischen Stecklingen und der Abdeckung ein größerer Luftraum vorhanden sein. Hierfür können Einweckgläser verwendet werden, die man über die Vermehrungsgefäße stülpt, oder Folie, die auf einem Gerüst aus gebogenen Stahl- oder Bambusstäben befestigt wird. Wer häufig Pflanzen vermehrt, dem sei empfohlen, sich ein Vermehrungsbeet zu kaufen. Unter der Bezeichnung Anzuchtkasten, Zimmergewächshaus, Mini-Treibhaus oder Saatzuchtbeet werden Einrichtungen in den unterschiedlichsten Größen und Ausführungen angeboten. Die einfachsten bestehen nur aus einem flachen Kunststoffunterteil mit einer durchsichtigen Abdeckhaube, bis hin zu komfortablen, vollautomatisch gesteuerten Vermehrungsbeeten.

Die Stecklinge sollten täglich kontrolliert werden, doch ist in der Regel ein **Wässern** nur in größeren Abständen notwendig. In den relativ dicht schließenden Vermehrungskästen kann nur wenig Luftfeuchtigkeit entweichen. Die Stecklinge werden somit weitgehend wieder aus dem kondensierenden Verdunstungswasser versorgt.

Sind die Blätter mit einem Feuchtigkeitsfilm überzogen und keine Welkerscheinungen zu erkennen, dann sind auch die Bedingungen für einen Bewurzelungserfolg optimal, und die Stecklinge benötigen keine zusätzliche Bewässerung. Wird trotzdem gegossen oder gesprüht, kann es zur Vernässung des Substrats kommen. Zu hohe Wassermengen im Vermehrungssubstrat führen zu einer Reduzierung des Sauerstoffs und damit im günstigsten Fall nur zu einer verzögerten Wurzelbildung. Meist faulen aber die Stecklinge weg.

Mit Beginn der Wurzelbildung wird langsam mit dem **Lüften** begonnen. Die Wurzelbildung hat eingesetzt, wenn neue, hellgrüne Blätter beginnen zu wachsen. Man sollte immer mehr lüften, bis die Schutzhaube ganz entfernt werden kann. Zu beachten ist, daß in diesem Stadium der Wasserbedarf immer größer wird.

Die zur Wurzelbildung benötigte Zeit ist von Pflanzenart zu Pflanzenart verschieden. Krautige Stecklinge bewurzeln oft schon nach drei bis vier Wochen, Gehölzstecklinge, insbesondere Nadelgehölzstecklinge, benötigen manchmal Monate.

Ein Einweckglas ist eine einfache, aber wirkungsvolle Hilfe bei der Vermehrung.

Materialien und Hilfsmittel
für die Pflanzenanzucht

Traditionelle Gefäße

Bei den zum Aussäen, Stecken und Pikieren verwendeten Kisten sollten neben den Anschaffungskosten und der Lebensdauer vor allem die hygienischen Eigenschaften des Materials die ausschlaggebende Rolle spielen. Um die Kosten so niedrig wie möglich zu halten, kann man aber durchaus auch haushaltsübliche Dinge wie Joghurtbecher, Diakästen und andere Gefäße zur Vermehrung verwenden. Diese müssen allerdings vor ihrer Verwendung einer gründlichen Reinigung unterzogen werden, um eventuelle Krankheiten schon im Keim zu ersticken.

Saatkistchen

Speziell für Aussaaten werden im Handel Saatkisten aus Styropor (geschäumtes Polystyrol) in verschiedenen Größen angeboten. Die gebräuchlichsten Größen sind 20 x 15 x 5 cm und 30 x 20 x 5 cm. Schaumstoffkisten haben eine wärmedämmende Wirkung. Sie mindern den Wärmeverlust nach unten hin und verhindern auf Flächen ohne Bodenheizung bis zu einem gewissen Grad den sogenannten »kalten Fuß«. Einen Nachteil allerdings haben diese Kistchen: Styropor ist ein bruchempfindlicher Kunststoff. Deshalb sind die Kisten besonders vorsichtig zu behandeln, wenn sie längere Zeit halten sollen.

Handkisten

Unter der Bezeichnung Handkisten sind eine Reihe von Gefäßen mit vielseitigem Verwendungszweck auf dem Markt. So zur Aussaat, zum Pikieren, als Stecklingsgefäß und zum Pflanzentransport. Die gebräuchlichsten Maße sind 50 x 32 und 60 x 40 cm. Bei der Anschaffung sollte man darauf achten, daß diese aus PVC sind.

PVC ist ein dauerhafter, formstabiler Kunststoff. Die Kisten sind frost- und lichtbeständig. Die hohe Kerb- und Schlagzähigkeit bleibt von – 30 °C bis plus 65 °C voll erhalten. Die Kisten besitzen eine fast unbegrenzte Haltbarkeit. Als thermoplastischer Kunststoff darf natürlich kein kochendes Wasser in die Kiste gegossen werden, da bei Temperaturen über + 65 °C Gefahr der Verformung besteht. Ansonsten lassen sie sich leicht säubern und sind daher besonders hygienisch. Der Fachhandel bietet auch Handkisten aus besonders hartem Kunststoff an. Es handelt sich bei diesem Kunststoff meistens um Polystyrol. Dieses Material hat von Natur aus nur eine begrenzte Haltbarkeit. Der besonders steife und feste Kunststoff beginnt nach wenigen Jahren spröde und bruchempfindlich zu werden.

Moderne Anzuchtgefäße

Die neuzeitliche Pflanzenzucht ist vor allem dadurch gekennzeichnet, daß die mehrmaligen Verpflanzarbeiten stark reduziert werden, so daß schließlich Sämlinge nur noch einmal pikiert und dann unmittelbar ausgepflanzt oder in den Blumentopf verpflanzt werden. Stecklinge werden oft überhaupt nicht mehr pikiert, sondern nach der Bewurzelung sofort ausgepflanzt oder in den Blumentopf eingetopft.

Anzuchtplatten

In diese Gruppe können alle Anzuchtgefäße zusammengefaßt werden, bei denen vorgeformte Wurzelballen entstehen. Jeder Pflanze steht ein abgegrenzter durchwurzelbarer Raum zur Verfügung. Das Auseinanderreißen der Wurzeln entfällt, der Verpflanzschock wird auf ein Minimum reduziert. Ein weiterer Vorteil ist, daß bei vom Substrat ausgehenden pilzlichen Infektionen der Befall nicht weiterlaufen kann.

Multitopfplatten Die Helfert-Multitopfplatten mit Topfgrößen zwischen 3,5 und 7 cm Durchmesser, die viereckig oder rundgeformten Kultipack- und Vefi-Topf-Platten, sowie andere zusammenhängend verarbeitete Viereck-Mulitcontainer in verschiedenen Topfweiten haben sich in vielfältiger Weise als Pikier-, Steck- und Endtopfgefäße, aber auch für Direktsaaten bewährt.

Zellen-Platten Bei den Zellen-Platten (Zapfencontainer, Quickies, Modules, Plugs) handelt es sich um Styroporkisten oder Platteneinsätze mit konischen Vertiefungen (Zellen), die in den USA entwickelt wurden und dort Plugs genannt werden. In Deutschland bezeichnet man sie häufig als Zapfen. Daneben gibt es den Ballen in Zylinderform, der im Unterschied zum Zapfen »Stöpsel« genannt wird. In die mit Substrat gefüllten Zellen werden die Stecklinge oder Samen so plaziert, daß sie einzeln in den Zellen liegen. Die Vorteile dieser Systeme sind rasche Be- und Durchwurzelung aufgrund der vergleichsweise größeren, sauerstoffbeladenen Ballenoberfläche, sowie eine schnellere und kräftigere Entwicklung der einzeln stehenden Pflänzchen und ungestörtes Wachstum durch unbeschädigte Wurzelballen. Darüber hinaus werden nur wenig Substrat und Anzuchtfläche benötigt. Infolge des kleineren Volumens ist als Nachteil die geringere Speicherkapazität für Wasser und Nährstoffe

Ein Frühbeetkasten – idealer Anzuchtort für Gehölze, Stauden, Sommerblumen und Gemüse.

zu nennen, die diese Pflanzen in stärkeren Maße von einer gut geregelten Wasser- und Nährstoffzufuhr abhängig macht. Bei dichtem Stand in den Tragplatten sind auch der Jungpflanzengröße Grenzen gesetzt.

Einwegtöpfe

Für die dritte Gruppe von Anzuchtgefäßen, die Torftöpfe, ist kennzeichnend, daß sie allgemein nur einmal verwendet werden und mit der Pflanze in die Erde kommen.

Jiffy-Pot Ein bekanntes Pikier-, Steck- und Topfgefäß für Zierpflanzen, Gehölze und Gemüsepflanzen ist der Jiffy-Pot in runder oder quadratischer Form. Er ist in Größen von 5 – 11 cm erhältlich. Als doppelreihige, zusammenhängende Topfplatte von sechs bis zwölf Einheiten (Topfgröße 4 – 8 cm) ist er als Jiffy-Strip auf dem Markt erhältlich. Der Jiffy besteht zu 75 Prozent aus humusreichem Sphagnumtorf, zu 24 Prozent aus einem Bindemittel und zu einem Prozent aus einer Harnstoffkomponente sowie den bei Torfprodukten unerläßlichen Spurenelementen.

Jiffy-Pots verjüngen sich nach unten, so daß zwischen den Töpfen ein Luftraum verbleibt. Nach kräftigem Angießen sättigen sich die Wandungen mit Feuchtigkeit. Die Wurzelspitzen wachsen durch die feuchte Torftopfwand und stoßen in diesen Luftraum. Sie legen sich außen an den Topf an und stellen an der Spitze das Wachstum ein. Wachsen aber gesunde Wurzeln an der Spitze nicht weiter, so verzweigen sie sich im Ballen. Die Verzweigungen stoßen immer wieder durch die Jiffy-Wand, legen sich an usw. – in schneller Folge wiederholt sich dieser Vorgang. Damit wird das gewünschte Ziel erreicht: Eine Fülle feiner, sternförmiger Wurzelverzweigungen ohne Verpflanzung, ohne Umpflanzschock und ohne Wachstumsunterbrechung. Auftretende Pilzrasen unterschiedlicher Färbung auf der Außenseite der Jiffy-Pot-Wände deuten auf die Tätigkeit zellulosezersetzender Pilze hin. Sie schaden der Pflanze nicht.

Jiffy-Pots sind immer gut feucht zu halten, damit die Wurzeln mühelos durch die Topfwände dringen können. Sobald dies geschehen ist, sind die Pflanzen mitsamt dem Jiffy-Pot – als fester Bestandteil des Ballens – auszupflanzen oder in größere Töpfe umzusetzen. Beim Umtopfen oder Auspflanzen sollte

der Rand des Jiffy-Pots nicht über die Erdoberfläche herausragen. Vom überstehenden Rand ausgehend trocknet oft der ganze Torftopf aus und verhindert die Wasseraufnahme sowie das Durchwurzeln. Gleichzeitig erhöht sich in der trockenen Torfwand die Salzkonzentration und führt zur Verbrennung der Wurzeln.

Jiffy-7 Im Gegensatz zum Jiffy-Pot handelt es sich beim Jiffy-7 nicht um einen hohlen Topf, sondern um ein in ein Kunststoffnetz gepreßtes Torfsubstrat. Das speziell konstruierte Kunststoffnetz hält das Substrat sicher zusammen und gibt dem Ballen gleichzeitig Stabilität. Bei Herstellung der Tabletten mit 4,5 cm Durchmesser wird das Substrat auf ein Zehntel seines Ursprungsvolumens zusammengepreßt. Diese Tabletten gelangen in Packungen zu 30 und 100 Stück für Hobbygärtner sowie zu 1.000 Stück für Erwerbsgärtner in den Handel.
Die Verarbeitung der Jiffy-7-Torfquelltöpfe ist einfach. Zum Aufquellen legt man sie in eine wasserdichte Schale und übergießt sie mit Wasser. Die Tabletten expandieren auf ihre ursprüngliche Größe zurück, wobei das flexible Netz in die Höhe gezogen wird. Es verleiht dem Ballen festen Halt. Die Maschenweite ist so gehalten, daß auch starke, fleischige Wurzeln hindurchwachsen können, ohne stranguliert zu werden. Bei später einsetzendem Dickenwachstum der Wurzeln zersprengen diese die Netzmaschen. Der Quellvorgang ist in der Regel nach fünf Minuten abgeschlossen. Nach dem Aufquellen sind die Torfquelltöpfe sofort bereit für die Aussaat, die Vermehrung durch Stecklinge oder zum Pikieren kleiner Sämlinge. Durch das Wurzelwachstum wird der Jiffy-7 schließlich Bestandteil des Pflanzballens und später mit diesem zu-

sammen ausgepflanzt. Wichtig: Während der Anzuchtzeit sind die Torfquelltöpfe immer feucht zu halten, stauende Nässe aber ist zu vermeiden!

Auch der Jiffy-9, der kleine Bruder des Jiffy-7 mit 3,5 und 5 cm Durchmesser, ist für den Hobbygärtner interessant. Er ist ebenfalls aus Torf hergestellt, wird aber nicht mit einem Netz, sondern einem Bindemittel stabil gehalten.

Paperpots Paperpots sind sechseckige Einwegtöpfe ohne Boden, die aus präpariertem Spezialpapier bestehen und zu vielzähligen Registereinheiten verleimt sind. Die ziehharmonikaartig auseinanderziehbaren Gebilde werden zum Befüllen mit Substrat in einen Rahmen gespannt, so daß man von Hand direkt hineinsäen bzw. pikieren kann. Während der Anzucht löst sich der Leim des Sechseckverbandes, so daß die dann einzeln stehenden Töpfchen einschließlich ihres Papiermantels umgetopft bzw. ausgepflanzt werden können. Zum Befüllen, Transportieren und Aufnehmen von ebenen Flächen werden spezielle Unterschiebbleche im Handel angeboten.

Anzuchttöpfe aus Recyclingpapier Dem Jiffy-Pot nachempfunden sind die auspflanzbaren oder kompostierbaren Recycling-Töpfe. Allerdings steht man hier noch am Anfang einer Entwicklung. Mit einigen auf dem Markt erhältlichen Typen wurden schon gute Erfahrungen gemacht. Die Töpfe bestehen aus Altpapier, aus Kork, aus Holzspänen, aus Wellpappe oder Kokosfasern. Zusammengehalten werden sie mit speziellen Bindemitteln wie z. B. Bitumen und Paraffin. Verwendung finden sie wie der Jiffy-Pot; entsprechend gelten auch die dort gemachten Angaben.

Vermehrungserden

Aussaat- und Stecklingserden (der Gärtner spricht auch von Substraten) haben weniger die Aufgabe, dem Sämling oder Steckling Nährstoffe zu liefern, sondern sollen vor allem als Standort dienen. Eine solche Erde muß daher nährstoffarm und wegen der Anfälligkeit der Sämlinge und Stecklinge gegenüber Krankheiten weitgehend keimfrei sein. Nährstoffarme Erde fördert die Wurzel- und damit die Ballenbildung der Pflanzen. Bei den Stecklingserden ist noch zu bedenken, daß der Steckling zwar ausreichend mit Feuchtigkeit versorgt werden muß, doch darf ein hoher Wassergehalt nicht dazu führen, daß sämtliche Hohlräume der Erde mit Wasser ausgefüllt sind. Es käme zu Sauerstoffmangel an der Schnittstelle, die Bewurzelung würde verhindert, und der Steckling würde faulen. Daher muß Stecklingserde ein besonders hohes Porenvolumen aufweisen.

Komposterden sind zwar grundsätzlich als Aussaaterde geeignet, aber dennoch ist Vorsicht geboten, denn schon mancher Versuch, darin Pflanzen heranzuziehen, scheiterte an den allgegenwärtigen Schadorganismen. Wer dennoch seine Komposterde verwenden will, muß sie vor Gebrauch keimfrei machen.

Für die Aussaat von Stauden, Gemüse, Sommerblumen und Gehölzen hat sich eine Mischung aus Maulwurfserde, gewaschenem Kiessand und Torf im Verhältnis 1:1:1 bewährt. In der Regel ist die Beschaffung von Maulwurfserde nicht schwierig: Im Frühling sind die Wiesen nicht selten mit Maulwurfshügeln bedeckt. Für die Stecklingsvermehrung ist ein Torf-Sand-Gemisch das klassische Substrat. In der Regel mischt man die beiden Bestandteile im Verhältnis 1:1. Für die Vermehrung der etwas empfindlicheren Zierpflanzen und Gemüsearten sollte man auf die im Handel angebotenen Aussaaterden und Stecklingserden zurückgreifen. Allerdings sind nicht alle tütenverpackten Erdgemische, die im Handel angeboten werden, bedingungslos zu empfehlen. Wenn die Verpackung keinen Hinweis auf den Verwendungszweck gibt und kein Qualitätszeichen erkennen läßt, daß dieses Substrat unter ständiger Kontrolle einer amtlichen Stelle steht, sollte man vorsichtig sein. Zur Stecklingsvermehrung sehr gut geeignet ist auch Vermiculit. Es wird aus einer magnesiumhaltigen Glimmerart hergestellt und findet als Wärmedämmstoff in der Bauindustrie Verwendung. Vermiculit wird in verschiedenen Körnungen angeboten. Zur Vermehrung verwendet man die Körnung 2 – 3 mm.

So ein Treibkistchen ist schon für wenig Geld zu bekommen.

Sommerblumen vermehren

Wir unterscheiden Sommerblumen, die direkt in das freie Land an Ort und Stelle gesät werden, von denen, die unter Glas vorgezogen werden sollten. Letztere sind im Jugendstadium besonders wärmebedürftig oder haben eine lange Vegetationszeit, so daß sie erst spät im Jahr blühen würden. Andere besitzen feinen Samen, die an Ort und Stelle nur zu einem geringen Teil auflaufen und brauchbare Pflanzen ergeben würden.

Aussaat an Ort und Stelle

Die Aussaat an Ort und Stelle ist die einfachste Art der Anzucht. Sie ist bei einer Reihe von Sommerblumen unerläßlich, da diese sich nicht oder nur schlecht verpflanzen lassen. Andere Arten hätten es nicht unbedingt nötig, gleich an den vorgesehenen Platz gesät zu werden, aber es ist praktisch, weil gesäte Bestände üppiger, schöner und länger blühen.

Die Aussaat an Ort und Stelle erfolgt in der Regel von März bis Ende Mai. Ein Teil der Sommerblumen blüht dann schon ab Juni. Einige Arten können schon im Herbst ausgesät werden.

Flächen mit starkem Unkrautbesatz kommen für Aussaaten an Ort und Stelle nicht in Frage. Das Saatbeet sollte bereits im Herbst umgegraben werden. Dabei arbeitet man am besten guten Kompost oder Rindenhumus ein. Im Frühjahr wird dann das Land mit einem Kultivator aufgelockert und mit einer Harke eingeebnet. Das Saatbeet braucht nicht so tiefgründig vorbereitet zu werden wie ein Stauden- oder Gehölzbeet, sondern ist in dieser Hinsicht eher mit einem Gemüsebeet zu vergleichen.

Man bearbeite dabei nur die oberste Schicht, um dem Boden und den heranwachsenden Pflanzen die Winternässe zu erhalten. Ausgesät wird breitwürfig oder in Reihen. Auf kleineren Flächen empfiehlt sich die Breitsaat, während es auf größeren Beeten sinnvoll ist, in Reihen auszusäen, weil hier leichter die nachfolgende Bodenbearbeitung und Unkrautbekämpfung erfolgen kann.

Aussaatdichte bzw. Reihenabstände richten sich nach dem Wuchsverhalten der jeweiligen Art. In der Regel sind Reihenabstände von 20–30 cm üblich. Mit einem Rechenstiel oder dem Reihenzieher zieht man etwa 1–2 cm tiefe Rillen und legt die Samen hinein. Nach dem Säen werden die Reihen zugezogen und die Erde leicht angeklopft oder angewalzt, damit die Samen engen Kontakt zum Erdreich bekommen. Aussaaten an Ort und Stelle müssen stets feucht gehalten werden, notfalls durch Beregnung, wobei eine Verschlämmung oder Verkrustung der Bodenoberfläche zu vermeiden ist.

Sobald die Sämlinge erscheinen, sollte sofort gehackt werden, um den Boden zu lockern und das auflaufende Unkraut zu stören. Sind die jungen Sämlinge etwa fingerlang, also so groß, daß man sie gut greifen kann, ist der Zeitpunkt für die allerwichtigste Pflegearbeit gekommen: nämlich das Ausdünnen bzw. Vereinzeln. Dabei sind alle zu eng stehenden Pflänzchen zu entfernen, so daß nur noch die kräftigen Exemplare stehenbleiben. Die verbliebenen Pflanzen müssen so weitläufig stehen, daß sie sich gegenseitig nicht beeinträchtigen, sondern zu stattlichen Exemplaren heranwachsen können. Man kann die zu dicht stehenden Pflanzen herausziehen, kann sie abhacken oder mit einem Messer wegschneiden. Zieht man die Pflanzen heraus, ist es notwendig, nach getaner Arbeit kräftig zu gießen, damit die

Bei vielen Sommerblumen empfiehlt sich die Vorkultur in Einzeltöpfen. Das rechte Bild zeigt Sonnenblumen-Keimlinge.

Erde wieder fest an die Wurzeln der verbliebenen Exemplare gespült wird.

Viele Hobbygärtner übergehen oft das Vereinzeln. Es bildet aber die Voraussetzung für gut entwickelte Bestände. Dünnt man nicht oder nur ungenügend aus, bedrängen sich die zu eng stehenden Pflanzen gegenseitig, nehmen sich gegenseitig Nahrung, Wasser, Licht und Luft weg. Sie vergeilen, kümmern schließlich und blühen schon bald, aber viel zu kurz.

Aussaat und Vorkultur unter Glas

Verschiedene Arten werden direkt aus dem Saatbeet ausgepflanzt, andere zunächst pikiert und weitere nach dem Pikieren oder direkt aus dem Saatbeet in Töpfe gepflanzt, um erst dann ausgepflanzt zu werden. Ob man die Jungpflanzen einzeln oder zu mehreren in die Töpfe setzt und wie groß diese sein müssen, hängt von der betreffenden Art ab. Deshalb wird in den nachfolgenden Tabellen bei den einzel-

nen Vertretern auf die bewährtesten Methoden hingewiesen. Als wichtige Voraussetzung, um beim Auspflanzen möglichst wenig Verluste zu erzielen, müssen die Jungpflanzen durch Licht und Luft rechtzeitig abgehärtet und an die Freilandbedingungen gewöhnt werden.

Pflanzung

Die besten Pflanzzeitpunkte sind vom jeweiligen Klima, dem Standort und besonders von den Eigenschaften der betreffenden Arten abhängig. Frostempfindliche Sommerblumen werden stets erst ab Mitte Mai, also nach den »Eisheiligen« ausgepflanzt. Die Erfahrung zeigt sogar, daß eine Pflanzung empfindlicher Arten erst ab Ende Mai/Anfang Juni nicht nachteilig ist. Solche Spätstarter holen früher gesetzte Jungpflanzen in der Entwicklung bald ein. Die günstigsten Pflanztage sind solche, an denen regnerisches, trübes Wetter herrscht. Unter solchen Bedingungen wachsen die Pflanzen mit nur geringen Verlusten an und ohne zu welken. Grundsätz-

lich sollte man frisch gepflanzte Sommerblumen einzeln angießen oder die ganze Fläche kräftig beregnen.

Jungpflanzen aus Anzuchtbeeten müssen vorsichtig herausgehoben werden, um die feinen Wurzeln zu schonen. Beim Pflanzen müssen die Wurzeln senkrecht in die Erde kommen. Jungpflanzen aus Ton- oder Kunststoffgefäßen sind vorsichtig auszutopfen. Torftöpfe werden mit der organischen Ballenhülle gepflanzt. Für alle Jungpflanzen gilt, daß ihre Ballen zum Zeitpunkt des Auspflanzens gut durchfeuchtet sein sollten.

Die Pflanzenabstände richten sich nach den Eigenschaften der Arten und Sorten. Auch unterschiedliche Verwendungszwecke können die Standweiten beeinflussen. So pflanzt man Hecken und natürliche Abgrenzungen aus Sommerblumen enger als auf Beeten und in Gruppen.

Die Strohblume, die bekannte und beliebte Trockenblume, wird in der Regel direkt an Ort und Stelle ausgesät.

Saat- und Pflanztabelle für Sommerblumen

Deutscher Name	Botanischer Name	Aussaat-zeit Monate	Keim-temperatur in °C	Keimzeit in Tagen	Pflanz-abstand in cm	Blütezeit (Monat)	Bemerkungen
Sommeradonisröschen	Adonis aestivalis	III-IV	18	20-30	10-15	V-VII	Aussaat an Ort und Stelle sinnvoll
Stockrose	Alcea rosea	II-III	18	12-20	75-100	VII-IX	Vorkultur mit Direktsaat in Töpfe möglich
Gartenfuchsschwanz	Amaranthus caudatus	III-IV	15-18	8-14	40-50	VII-IX	Aussaat an Ort und Stelle möglich
Flockenblume	Amberboa moschata	III-IV	12-18	14-20	20	VI-IX	Aussaat an Ort und Stelle üblich
Ochsenzunge	Anchusa capensis	III-IV	12-18	12-14	20-25	VII-IX	In Töpfe pikieren
Löwenmaul	Antirrhinum majus	II-IV	15-20	10-14	20-30	VI-IX	In Pflanzeinheiten pikieren
Gänseblümchen	Bellis perennis	VI-VII	18	7-14	15-20	III-VII	
Zierkohl	Brassica oleracea	IV-VI	16	6- 8	40-50		Ausfärbung erfolgt ab August
Ringelblume	Calendula officinalis	III-V			25-30	VII-IX	Aussaat an Ort und Stelle üblich
Sommeraster	Callistephus chinensis	III—IV	15	8-14	25-40	VII-IX	
Marienglockenblume	Campanula medium	V-VI	15	14-20	40	VI-VII	Einzeln pikieren
Kornblume	Centaurea cyanus	III-IV	18	14-20	15-20	VI-VIII	Aussaat an Ort und Stelle, Aussaat auch schon im Herbst möglich
Goldlack	Cheiranthus cheiri	V-VII	10-18	10-14	30-40	VI-VIII	
Wucherblume	Chrysanthemum coronarium	III-V	15	12-14	30-40	VI-IX	Aussaat an Ort und Stelle möglich
Wucherblume	Chrysanthemum parthenium	III-V	18	20-30	25-30	VI-IX	
Wucherblume	Chrysanthemum segetum	III-V	15	7-14	30	VII-IX	Aussaat an Ort und Stelle möglich
Mandelröschen	Clarkia unguiculata	III-IV	15	7-14	20-25	VII-IX	Aussaat an Ort und Stelle, Herbst-aussaat im September möglich
Spinnenpflanze	Cleome spinosa	III-IV	18	14-20	40-50	VII-X	Einzeln in Töpfe pikieren
Glockenrebe	Cobaea scandens	III-IV	18	16-20	60-100	VIII-X	Direktsaat mit 3 – 5 Samen je 11-cm-Topf oder 3 Pflanzen je Topf pikieren
Winde	Convolvulus tricolor	IV-V	18	10-14	20-25	VI-X	Direktsaat mit 3 – 5 Samen je 11-cm-Topf, Aussaat an Ort und Stelle möglich
Mädchenauge	Coreopsis tinctoria	III-IV	12-15	10-16	15-25	VII-IX	Aussaat an Ort und Stelle möglich
Schmuckkörbchen	Cosmos bipinnatus	III-V	18	10-18	35-40	VII-X	Direktsaat mit 2 – 3 Samen je 8-cm-Topf möglich, ab Mai ist Aussaat an Ort und Stelle möglich
Zierkürbis	Cucurbita pepo	V			50-70	VII-IX	Aussaat an Ort und Stelle möglich
Mignon-Dahlie	Dahlia-Hybriden	II-IV	18	7-18	25-35	VI-X	
Einj. Rittersporn	Delphinium ajacis	III-IV	10-15	18-25	20-25	VI-VIII	Aussaat an Ort und Stelle sowie Herbstaussaat (IX) möglich
Bartnelke	Dianthus barbatus	IV-VII	16	8-14	20-30	VI-VII	
Gartennelke	Dianthus caryophyllus	II-III	18	8-14	20-25	VI-VIII	
Hedewigs-, Kaisernelke	Dianthus chinensis	II-IV	16-18	8-14	20-25	VI-X	Direktsaat mit 2 – 3 Samen je 9-cm-Topf möglich

Deutscher Name	Botanischer Name	Aussaat-zeit Monate	Keim-temperatur in °C	Keimzeit in Tagen	Pflanz-abstand in cm	Blütezeit (Monat)	Bemerkungen
Fingerhut	*Digitalis purpurea*	IV-VII	18	14-18	40-50	VI-VIII	Aussaat an Ort und Stelle möglich
Kapkörbchen	*Dimorphoteca sinuata*	IV-V	15	8-14	15-25	VII-VIII	Direktsaat mit 4–5 Samen je 8-cm-Topf möglich
Natternkopf	*Echium vulgare*	III-IV			20-25	VI-VIII	Aussaat an Ort und Stelle sowie Herbstaussat (IX) möglich
Goldmohn, Schlafmützchen	*Eschscholzia californica*	III-V	10	7-14	20-30	VI-X	Aussaat an Ort und Stelle sowie Herbstaussaat (IX) möglich
Schnee-auf-dem-Berge	*Euphorbia marginata*	III-V	18	7-12	40-60	VII-IX	Aussaat an Ort und Stelle möglich
Felicie	*Felicia bergeriana*	III-IV	16	14-18	15-20	VII-IX	
Einjährige Kokardenblume	*Gaillardia pulchella*	III-IV	16	14-18	30	VI-IX	Aussaat an Ort und Stelle möglich
Mittagsgold	*Gazania*-Hybriden	II-III	20	14-20	30	VI-IX	
Atlasblume	*Godetia*-Hybriden	III-V	16	8-12	25-40	VI-IX	Aussaat an Ort und Stelle sinnvoll
Kugelamarant	*Gomphrena globosa*	III-V	18	12-14	15-20	VIII-IX	Einzeln pikieren, dann topfen
Einj. Schleierkraut	*Gypsophila elegans*	III-V	15	14-20	20-25	VI-IX	Aussaat an Ort und Stelle sinnvoll
Sonnenblume	*Helianthus annuus*	IV-V	16	10-14	40-70	VII-X	An Ort und Stelle aussäen, mit 2 Samen je Saatstelle
Strohblume	*Helichrysum bracteatum*	III-IV	18	14-18	25-30	VII-X	Direktsaat mit 2–3 Samen je 8-cm-Topf möglich
Sonnenflügel	*Helipterum roseum*	III-IV	18	16-20	20-25	VI-VIII	Trockenblume, Aussaat an Ort und Stelle möglich
Japanischer Hopfen	*Humulus scandens*	III-IV	20	10-14	100	VII-VIII	
Bittere Schleifenblume	*Iberis amara*	III-IV	18	10-14	20-25	VII-VIII	Aussaat an Ort und Stelle, Herbst-aussaat im September möglich
Doldenblütige Schleifenblume	*Iberis umbellata*	III-IV	15	14-20	20-25	VII-VIII	Wie *Iberis amara*
Gartenbalsamine	*Impatiens balsamina*	III-IV	18-20	16-20	30-35	V-IX	Direkt in Töpfe pikieren
Trichterwinde	*Ipomoea tricolor*	III-IV	18	14-16	40-50	VII-IX	Schlingpflanze; 3 Pflanzen je Topf pikieren
Wohlriechende Wicke	*Lathyrus odoratus*	III-V	15	14	25-30	VI-IX	Aussaat an Ort und Stelle sinnvoll
Strauchpappel	*Lavatera trimestris*	IV-V	15	7-14	50-60	VII-IX	Aussaat an Ort und Stelle sinnvoll
Statice, Meerlavendel	*Limonium spec.*	III-IV	18	10-24	25-30	VII-X	
Großblütiger Lein	*Linum grandiflorum*	IV-V			12-15	VI-IX	Aussaat an Ort und Stelle sinnvoll
Männertreu	*Lobelia erinus*	III-IV	18	8-14	10-20	V-IX	Tuffweise aussäen bzw. pikieren
Duftsteinbrech, Alyssum	*Lobularia maritima*	IV-V	16	8-12	10-15	VI-X	Aussaat an Ort und Stelle mög-lich, sonst Direktsaat mit 4–5 Samen bzw. tuffweise pikieren
Silberling	*Lunaria annua*	III-IV	18	10-14	30-40	V-VII	Bei winterannueller Kultur Aus-saat von V bis VII
Trichtermalve	*Malope trifida*	III-IV	14-16	14-18	40-50	VI-X	Aussaat an Ort und Stelle möglich
Levkoje	*Matthiola incana*	III-IV	16-18	8-14	15-40	VI-X	

Deutscher Name	Botanischer Name	Aussaatzeit Monate	Keimtemperatur in ° C	Keimzeit in Tagen	Pflanzabstand in cm	Blütezeit (Monat)	Bemerkungen
Wunderblume	Mirabilis jalapa	III-IV	12-14	10-14	40-60	VII-IX	
Muschelblume	Molucella laevis	III-IV	12-14	14-28	30-40	VIII-IX	Aussaat an Ort und Stelle möglich
Vergißmeinnicht	Myosotis sylvatica	VII	18	14-20	15-20	V-VII	
Ziertabak	Nicotiana spec.	III-IV	20	14-20	50-70	VII-X	Saatgut mit Sand strecken
Jungfer im Grünen	Nigella damascena	III-V	18	8-14	20-25	VII-IX	Aussaat an Ort und Stelle sinnvoll
Islandmohn	Papaver nudicaule	VII	12-14	14-18	15-20	VI-IX	Bei Aussaat im Januar Blüte noch im gleichen Jahr
Klatschmohn	Papaver rhoeas	III-V	12-14	14-20	15-20	VI-VII	Aussaat an Ort und Stelle sinnvoll
Bartfaden	Penstemon-Hybriden	III-IV	18	14-20	20-30	VI-IX	
Bienenfreund	Phacelia tanacetifolia	ab III			15	VI-VIII	Aussaat an Ort und Stelle
Prunkwinde	Pharbitis spec.	III-IV	18	14-16	40-60	VII-IX	
Feuerbohne	Phaseolus coccineus	IV-V			40-60	VII-IX	Aussaat an Ort und Stelle
Flammenblume	Phlox drummondii	III-IV	18	8-12	15-25	VI-IX	
Portulakröschen	Portulaca grandiflora	III-IV	18	7-14	15-20	VII-X	Aussaat an Ort und Stelle oder Direktsaat mit 3 – 5 Samen je 8-cm-Topf möglich
Gartenresede	Reseda odorata	III-IV	10-15	20-30	15-25	VII-IX	Aussaat an Ort und Stelle
Wunderbaum	Ricinus communis	III-V	20	16-20	100-200	VIII-X	
Sonnenhut	Rudbeckia hirta	III-IV	18	16-20	25-30	VII-X	
Trompetenzunge	Salpiglossis sinuata	III-IV	16-18	14-18	25-30	VI-IX	Aussaat an Ort und Stelle
Mehlige Salvie	Salvia farinacea	III-IV	20	5-12	30-40	VI-IX	Bei der Keimung sind Temperaturschwankungen zu vermeiden.
Gartensalvie	Salvia splendens	III-IV	22-25	8-14	25-30	VI-X	
Husarenknopf	Sanvitalia procumbens	III-IV	16-18	8-14	20-25	VI-X	Direktsaat mit 3 – 4 Samen je 8-cm-Topf möglich
Purpurskabiose	Scabiosa atropurpurea	III-IV	20	10-14	25-30	VII-IX	Aussaat an Ort und Stelle möglich
Spaltblume	Schizanthus wisetonensis	III-IV	10-14	16-20	20-30	VI-IX	Aussaat an Ort und Stelle möglich
Himmelsröschen	Silene coeli-rosa	IV-V	12-14	10-14	15-20	VII-VIII	
Studentenblume	Tagetes spec.	III-IV	16-18	10-14	20-30	VI-X	
Schwarzäugige Susanne	Thunbergia alata	III-IV	18-20	14-20	40-60	VI-IX	Schlingpflanze; bis zu 3 Pflanzen je Topf pikieren
Kapuzinerkresse	Tropaeolum majus	IV	15-18	14-20	30-50	VII-X	Aussaat an Ort und Stelle sinnvoll
Verbene	Verbena bonariensis	II-IV	18-20	20-30	30-50	VII-X	
Gartenverbene	Verbena-Hybriden	II-IV	20	20-30	15-25	VI-IX	
Stiefmütterchen	Viola wittrockiana	VI-VII	15	12-20	15-20	III-VII	Lichtgehemmter Keimer
Papierblume	Xeranthemum annuum	IV od. IX			25-30	VII-IX	Aussaat an Ort und Stelle
Ziermais	Zea mays	IV-V	15	7-14	50-70		Direktsaat mit 2 Samen je 9-cm-Topf
Schmalblättrige Zinnie	Zinnia angustifolia	III-IV	20	10-12	20	VII-X	Direktsaat mit 2 – 3 Samen je 8-cm-Topf möglich
Zinnie	Zinnia elegans	III-IV	20	10-14	20-40	VII-X	Direktsaat mit 2 – 3 Samen je 8-cm-Topf möglich

Beet- und Balkonpflanzen vermehren

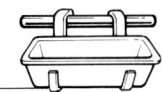

Wie farblos und nüchtern wären Dörfe und Städte, Alt- und Neubaugebiete, Friedhöfe und auch der Miniaturgarten des Mietshausbewohners, sein Balkon oder nur ein Fensterbrett, gäbe es nicht die bunte Blütenpracht der Balkonblumen und der Beetpflanzen.

Balkon- und Beetpflanzen werden je nach Pflanzenart durch Aussaat oder durch Stecklinge vermehrt. Für viele dieser Pflanzenarten kam noch vor einigen Jahren nur die Vermehrung durch Stecklinge in Frage. In der Zwischenzeit gibt es aber Sorten auf dem Markt, die zu hundert Prozent sortenecht aus Samen fallen.

Will man vegetativ vermehren, ist man auf Mutterpflanzen angewiesen, die das entsprechende Vermehrungsmaterial liefern. Auch ist zu fragen, ob die Vermehrung durch Stecklinge im Herbst geschehen soll, oder ob man sie besser von frostfrei überwinterten Mutterpflanzen im nächsten Jahr gewinnt. Je nach Pflanzenart kommt die einen oder andere Vermehrungsart in Frage – oder beide. Bezüglich der Wahl des Anzuchtverfahrens bzw. der jeweiligen Technik sind die Hinweise auf den Seiten 15 und 23 zu beachten.

Schönmalve, Samtpappel (*Abutilon*-Hybriden) Vermehrung durch Stecklinge von überwinterten Mutterpflanzen im Februar/März oder auch schon August/September bei 18 °C. Aussaat am besten im Februar bei etwa 20 °C. Pikieren etwa 4 Wochen nach der Aussaat direkt in 9-cm-Töpfe. Relativ trockene Kulturführung begünstigt gedrungenen Wuchs, gute Blattzeichnung und frühe Blüte. Mehrmaliges Stutzen fördert die Verzweigung.

Leberbalsam (*Ageratum houstonianum*) Vermehrung durch Stecklinge von überwinterten Mutterpflanzen März/April bei 18 °C oder durch Aussaat im Februar. Der Handel bietet eine Reihe von F$_1$-Hybrid-Sorten an. Am besten dünn aussäen (Keimtemperatur 20 °C) und gleich in den 8-cm-Topf oder andere Pflanzeneinheiten pikieren. Man kann bis zu drei Pflanzen zusammensetzen.

Papageienblatt (*Althernanthera ficoidea*) Vermehrung durch Stecklinge von überwinterten Mutterpflanzen März/April. Am besten gleich mehrere Stecklinge zusammen in Einzeltöpfe oder Pflanzeneinheiten stecken. Zur Wurzelbildung sind 18 °C ideal.

Fleißiges Lieschen (*Anisodontea capensis*) Vermehrung durch Kopf- und Teilstecklinge von überwinterten Mutterpflanzen Februar/März oder auch schon im Spätsommer bei 18° C. Für eine reiche Verzweigung ist mehrmals zu stutzen.

Knollenbegonien (*Begonia-Knollenbegonien*-Hybriden) Anzucht durch Antreiben von Knollen. Die wurzelseitig konvex, sproßseitig konkav geformte, scheibenartige Knolle wird in 11-cm-Töpfe gelegt und nur wenig mit Erde bedeckt. Bei Temperaturen von 20 – 24 °C treiben die Knollen schon bald aus. Die Teilung älterer Knollen mit je einem Auge ist genauso möglich wie die Stecklingsvermehrung. Aussaat ab Januar bei 20 °C. Vor dem Eintopfen in 9- bis 10-cm-Töpfe zweimal pikieren, dazu am besten Pflanzeneinheiten verwenden.

Semperflorens-Begonien, Apfelblüten (*Begonia-Semperflorens*-Hybriden) Vermehrung durch Aussaat Februar/März. Samen sehr fein – nicht abdecken, nur leicht

ansprühen. Keimtemperatur 22 – 24 °C. Pikieren nach etwa 6 Wochen in Pflanzeneinheiten, dann am besten in 8-cm-Töpfe pflanzen. Vermehrung durch Stecklinge praktisch das ganze Jahr über möglich, in der Regel aber nicht üblich.

Blaues Gänseblümchen (*Brachyscome multifida*) Vermehrung durch 4 – 5 cm lange Kopf- und Teilstecklinge im Februar/März von überwinterten Mutterpflanzen oder auch schon September/Oktober bei 20 – 22 °C. Am besten zwei bis drei Stück zusammen in Pflanzeneinheiten stecken. Später in 9-cm-Töpfe topfen. Bei Ampelpflanzen empfiehlt es sich, mehrere solcher Jungpflanzentuffs zusammenzupflanzen.

Pantoffelblume (*Calceolaria integrifolia*) Vermehrung durch Stecklinge am besten von den verblühten Balkonpflanzen im Herbst vor den ersten Frösten. Bewurzelungstemperatur 14 – 15 °C. Aussaat ab Januar bei 18 °C. Dann am besten gleich in 9-cm-Töpfe pikieren.

Silberkopf (*Calocephalus brownii*) Vermehrung am besten durch krautige Stecklinge im Februar/März bei 18 – 22 °C. Bewurzelte Stecklinge zu mehreren in 8-cm-Endtöpfe setzen.

Strauchmargerite (*Chrysanthemum frutescens*) Vermehrung durch Stecklinge praktisch das ganze Jahr über möglich. Für buschige Balkonpflanzen am besten im Februar/März von überwinterten Mutterpflanzen. Vermehrungstemperatur 14 – 18 °C. Im Handel sind auch samenvermehrbare Sorten erhältlich. Aussaat von Februar bis April bei 15 °C.

Buntnessel (*Coleus-Blumei*-Hybriden) Stecklingsvermehrung von März bis Juni von überwinterten Mutterpflanzen. Am besten gleich

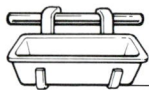

in Pflanzeinheiten stecken und dann in 10- bis 12-cm-Töpfe setzen. Aussaat möglich von Februar bis April, am besten bei 21 °C.

Dahlien, Georginen (*Dahlia*-Hybriden) Vermehrung durch Aussaat Februar/März bei 18 °C oder auch durch Stecklinge, die leicht wurzeln. Pikieren entweder in Pflanzeinheiten oder direkt in Einzeltöpfe.

Gartennelke, Gebirgshängenelke (*Dianthus caryophyllus*) Stecklingsvermehrung am besten noch im Herbst von den abgeblühten Beständen oder von überwinterten Mutterpflanzen im Februar/März. Bewurzelungstemperatur 12 – 14 °C.

Später in 9- oder 10-cm-Töpfe pflanzen. Mehrmaliges Entspitzen fördert die Verzweigung. Im Handel sind auch einige F_1-Hybrid-Sorten erhältlich, die durch Aussaat vermehrt werden (siehe *Dianthus-Chinensis*-Hybriden).

Heddewigsnelken (*Dianthus-Chinensis*-Hybriden) Vermehrung durch Aussaat Februar bis April bei 16 – 20 °C. Pikieren am besten gleich in 9- bis 10-cm-Einzeltöpfe. Entspitzen begünstigt gedrungenen Wuchs und dichte Verzweigung.

Mittagsblume (*Dorotheanthus bellidiformis*) In der Regel Vermehrung durch Aussaat März/April. Es empfiehlt sich eine Direktsaat mit

vier Samen je Pflanzeinheit. Aussaat an Ort und Stelle ist möglich.

Kap-Aster (*Felicia amelloides*) Vermehrung durch Stecklinge Februar bis April von überwinterten Mutterpflanzen bei 12 – 15 °C. Topfen am besten zu mehreren in 10-cm-Einzeltöpfe.

Gartenfuchsie, Glockenstock (*Fuchsia*-Hybriden) Vermehrung durch Stecklinge im Herbst oder von überwinterten Mutterpflanzen März/April. Bewurzelungstemperatur 18 – 20 °C. Im späten Frühjahr kann man gleich drei Stecklinge in Einzeltöpfe stecken.

Heliotrop, Sonnwende, Vanilleblume (*Heliotropium arborescens*) Vermehrung durch Stecklinge oder auch durch Aussaat möglich. Vermehrung durch Stecklinge im Herbst, besser jedoch im März/April bei 18 °C. Aussaat von Februar bis März ebenfalls bei 18 °C. Pikieren am besten in 9-cm-Endtöpfe. Mehrmaliges, weiches Entspitzen fördert die Verzweigung.

Neu-Guinea-Impatiens (*Impatiens-Neu-Guinea*-Hybriden) Vermehrung sortenecht nur durch Stecklinge möglich. Am besten von Februar bis April bei 20 °C.

Fleißiges Lieschen (*Impatiens walleriana*) Vermehrung heute fast nur noch durch Aussaat von F_1-Hybridsorten von Februar bis April bei 20 – 22 °C. Pikieren am besten in 9-cm-Töpfe. Vermehrung durch Stecklinge einfach.

Wandelröschen (*Lantana-Camara*-Hybriden) Vermehrung durch Stecklinge im Herbst oder von

Die Vermehrung der Knollenbegonie ist durch Antreiben oder Teilung der Knollen durch Stecklinge und Aussaat möglich.

überwinterten Mutterpflanzen im Februar/März. Stecken am besten in Pflanzeinheiten. Bewurzelungstemperatur 20 °C. Förderung einer dichten Verzweigung durch mehrmaliges, weiches Entspitzen.

Männertreu *(Lobelia erinus)*

Vermehrung durch Aussaat von Februar bis April. Am besten Direktsaat mit fünf Samen in Pflanzeinheiten. Bei Breitsaat tuffweise pikieren. Aussaattemperatur 18–20 °C.

Kapkörbchen *(Osteospermum ecklonis)* Stecklingsvermehrung

März-April von überwinterten Mutterpflanzen bei 18 °C. Mindestens einmal entspitzen, um die Verzweigung zu fördern.

Zonalpelargonie, Geranie

(Pelargonium-Zonale-Hybriden)
Vermehrung durch Stecklinge und Aussaat. Vermehrung durch Stecklinge am besten noch im Herbst von den abgeblühten Beständen mit anschließend kühler und relativ trockener Überwinterung. Am besten wurzeln kräftige Kopftriebe von 5–10 cm Länge mit drei bis vier Blättern. Gesteckt wird bevorzugt in Pflanzeinheiten oder Einzeltöpfe. Bewurzelungstemperatur 18–20 °C. Ein Verdunstungsschutz ist nur bei starker Sonnenbestrahlung notwendig.
Vermehrung durch Aussaat von Februar bis April bei 21–24 °C. Die Temperaturen sind unbedingt einzuhalten, eine Unterschreitung bringt ein schlechtes Keimergebnis. Bei optimalen Standortverhältnissen kann mit einem Keimergebnis von hundert Prozent gerechnet werden. Pikieren schon nach zwei Wochen am besten direkt in 10- bis 11-cm-Töpfe.

Efeupelargonie, Hängegeranie

(Pelargonium-Peltatum-Hybriden)
Vermehrung durch Stecklinge wie

bei *Pelargonium-Zonale*-Hybriden beschrieben. Langtriebige Sorten sind zwei- bis dreimal zu entspitzen, um eine kompakte Pflanze mit guter Verzweigung zu erhalten.

Petunie *(Petunia-Hybriden)*

Vermehrung durch Aussaat von Februar bis April bei 20 °C. Samen sehr fein, nicht abdecken. Später ein- oder zweimal Pikieren, bevor in 8-cm-Töpfe getopft wird. Stecklingsvermehrung möglich, aber nicht üblich.

Portulakröschen *(Portulaca grandiflora)* Aussaat von März bis Mai

am besten direkt mit drei bis fünf Samen in Pflanzeinheiten oder 7-cm-Einzeltöpfe. Stecklingsvermehrung möglich, aber nicht üblich.

Ziersalbei, Salvie *(Salvia splendens)*

Vermehrung durch Aussaat von Februar bis April bei 22–24 °C. Pikieren nach zwei bis drei Wochen in 9-cm-Töpfe. Entspitzen führt zu Blühverzögerung, aber zu einer dichten Verzweigung. Stecklingsvermehrung möglich, aber nicht üblich.

Das Fleißige Lieschen (oben) wird meist durch Aussaat vermehrt, kann aber auch leicht durch Stecklinge angezogen werden.

Kreuzkraut, Silbereiche *(Senecio bicolor)* Vermehrung durch Aussaat

März/April bei 16–18 °C. Pikieren direkt in Einzeltöpfe oder Pflanzeinheiten.

Sammetblume, Studentenblume

(Tagetes-Arten) Vermehrung durch Aussaat März/April bei 18 °C. Pikieren je nach Größe der Sorten direkt in 6- bis 8-cm-Töpfe. Stecklingsvermehrung einfach, jedoch nicht üblich.

Gartenverbenen *(Verbena-Hybriden)*

Vermehrung durch Stecklinge oder Aussaat. Aussaat von Februar bis April bei 18–20 °C. Das Keimresultat wird gefördert, wenn man die Samen im angequollenen Zustand drei bis vier Tage im Kühlschrank bei 2–5 °C lagert. Später in 8- bis 10-cm-Töpfe setzen. Vermehrung durch Stecklinge von überwinterten Mutterpflanzen im März/April bei 20 °C.

Gemüse und Kräuter vermehren

Die meisten Gemüsearten werden aus Samen gezogen. Nur ganz wenige Arten, wie beispielsweise Rhabarber und Meerrettich, vermehrt man bevorzugt vegetativ. Je nach Gemüseart wird entweder nach einer Vorkultur ausgepflanzt oder direkt an Ort und Stelle ausgesät.

Die alte gärtnerische Methode des **Vorquellens** von Saatgut in Wasser führt zu einer deutlichen Auflaufbeschleunigung. Das Saatgut wird hierzu, am besten in Beuteln, wiederholt für einige Stunden in Wasser getaucht. Größere Mengen überbraust man mit Wasser, mischt die Samen gut durch und deckt sie schließlich mit einer Folie oder feuchten Säcken ab. Vorsicht: Bei längerer Tauchdauer (über 8 Stunden) besteht die Gefahr einer Schädigung durch Sauerstoffmangel. Ausgesät wird, wenn die Samenschale platzt oder kurz bevor die Keimwurzel austritt.
Das Vorquellen bewirkt besonders bei schwer quellenden Samen wie Zwiebeln, Sellerie, Porree, Pastinaken und Möhren einen deutlichen Wachstumsvorsprung. Ein vorübergehendes Austrocknen vorgequollenen Saatgutes nach der Saat wird bis zum Austritt der Keimwurzel gut vertragen. Danach reagieren besonders große vorgequollene Samen, z. B. von Erbsen und Bohnen, empfindlich auf Trockenperioden. Wichtig ist, daß die Aussaaterde feucht ist, damit der durch das Vorquellen eingeleitete Keimvorgang nicht unterbrochen wird. Gegebenenfalls müssen die Reihen oder das Beet vorher angefeuchtet werden.

Aussaat an Ort und Stelle

Bei der Auswahl der Flächen für die Aussaat ist auf eine geregelte Fruchtfolge zu achten. Wenn eine Gemüseart mehrere Jahre hintereinander auf der gleichen Fläche angebaut wird, gehen die Erträge immer weiter zurück.
Darüber hinaus bestehen zwischen einzelnen Gemüsearten gewisse Unverträglichkeitsbeziehungen, die bei der Anbauplanung ebenfalls zu beachten sind. Man sollte deshalb jedes Jahr eine einfache Skizze über die Aufteilung der Gemüsefläche anfertigen.
Die Saatbettbearbeitung hat für die Quellung der Samen eine gut strukturierte, homogene, aber festere untere Bodenschicht mit guter Wasserführung zu schaffen. Darüber ist eine feinkrümelige, lockere, gut durchlüftete Oberschicht anzustreben, die dem Pflanzenwachstum nur geringen Widerstand entgegensetzt und den Verdunstungsverlust des Bodenwassers mindert. Die Tiefe der lockeren Schicht sollte der Saattiefe entsprechen.
Sobald im Frühjahr das Land soweit abgetrocknet ist, daß die Erde nicht mehr an den Schuhen und Geräten kleben bleibt und sich der Boden genügend erwärmt hat, kann mit den ersten Aussaaten im Freiland begonnen werden. Die grobschollige Winterfurche wird mit Kultivator, Handgrubber oder Krail zerkleinert und eingeebnet. Mit der Harke (Rechen) ist das feinkrümelige Saatbett herzustellen. Dabei gilt der Grundsatz: Je feiner der Same, desto feiner die Erdoberfläche. Die Bodenvorbereitung für die Aussaat von Nachkulturen im Laufe der Sommermonate erfolgt durch flaches Graben oder besser nur mit Kultivator und Harke.

Die untere Temperaturgrenze, bei der Samen gerade noch keimen, liegt bei kälteverträglichen Gemüsearten zwischen 0 und 5 °C, bei wärmebedürftigen Arten zwischen 8 und 12 °C. In der Praxis ist der Temperaturbereich für eine akzeptable Keimfähigkeit deutlich enger. Er liegt für kälteverträgliche Arten zwischen 5 und 13 °C, für wärmebedürftige Arten zwischen 13 und 19 °C.

Für die Saattiefe bei Gemüse gilt die Grundregel: Die Samen flach, aber so tief einsäen, daß ein Anschluß an die feuchte Bodenschicht und damit die Quellung gewährleistet ist. Dementsprechend sollte man auf einem feuchten Boden flacher, auf einem relativ trockenen Boden tiefer säen. Bei flacher Saat

Idealzustand eines Saatbetts

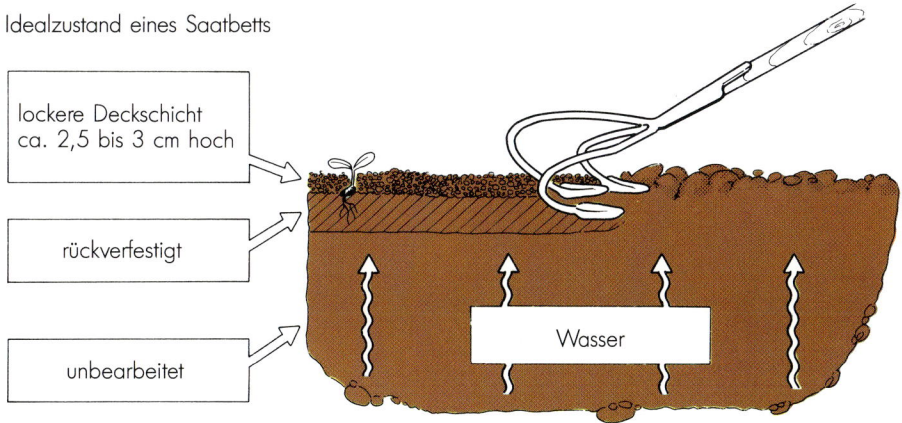

lockere Deckschicht ca. 2,5 bis 3 cm hoch

rückverfestigt

unbearbeitet

Wasser

sinkt das Risiko des Sauerstoffmangels, der Schädigung durch Bodenpilze und einer Schwächung bzw. Erschöpfung beim Durchbrechen der Bodenoberfläche. Es steigt allerdings das Risiko des Austrocknens, und es besteht die Gefahr, daß die Keimwurzeln mangels Gegendruck nicht in den Boden eindringen und daß die Samenschalen nicht abgestreift werden.

Mittlere Saattiefen sind für feinkörnige Samen 1 – 3 cm, für grobkörnige 2 – 5 cm. Eine etwas tiefere Saat ist zu empfehlen bei leichten Böden sowie bei großkörnigen und robusten Samen. Besonders gilt dies bei hypogäischer Keimung: Hier bleiben die Keimblätter im Boden und müssen nicht nach oben gepreßt werden.

Gemüsesamen kann man breit oder in Reihen aussäen. Obwohl die Reihensaat etwas mehr Arbeit erfordert, sollte sie generell bevorzugt werden. Sie ist gegenüber der Breitsaat samensparender. Diese wiederum gelingt nie so gleichmäßig, daß jede Pflanze ausreichend Standraum erhält. Außerdem ist es später nicht möglich zu hacken, und

das Unkraut muß mühsam mit der Hand gejätet werden.

Breitsaat wird bei Gemüse in der Regel nur zur Jungpflanzenzucht auf unkrautfreien Saatbeeten oder für Dichtsaaten auf sehr feuchten Böden angewandt, wie z. B. bei sehr frühen Saaten von Spinat oder Möhren. Auch Gründüngungspflanzen werden in Breitsaat ausgebracht. Dabei wird das Saatgut von Hand, mit der Tüte oder mit Sähilfen breitwürfig verteilt. Neben der gleichmäßigen Verteilung bereitet auch meist das Einarbeiten in eine günstige Bodentiefe Schwierigkeiten. Die Samen werden auf kleinen Flächen flach mit einem Substrat überschichtet, z. B. mit Kompost, und auf größeren Flächen mit der Harke (Rechen) eingearbeitet. Auf trockenen Böden ist, wenn kein Wasser zur Verfügung steht, ein Andrücken erforderlich.

Die **Reihensaat** erlaubt eine saubere Ablage und eine relativ einheitliche Tiefenlage der Samen, darüberhinaus auch eine einfachere Bodenlockerung und Unkrautbekämpfung zwischen den Reihen. Die Reihenmarkierung kann mit einem Harkenstiel, der an einer gespannten Schnur entlang geführt wird, oder mit dem praktischen, arbeitssparenden Reihenzieher vorgenommen werden. Je nach Kornablage unterscheidet man bei der

Reihenaussaat von Gemüse zwischen Drillsaat und Gleichstandsaat. Bei der **Drillsaat**, die vor allem bei feinkörnigen Samen wie Möhren und Zwiebeln angewendet wird, fallen die Samenkörner in ungleichmäßigen Abständen. Um ein zu dichtes Aussäen bei feinkörnigen Samen zu umgehen, ist es von Vorteil, das Saatgut mit der gleichen oder doppelten Menge gleichgroßer Materialien (z. B. trockenen Sandes) zu mischen. Dadurch läßt sich die erforderliche Aussaatdichte besser einhalten.

Die **Gleichstandsaat** mit Einzelkornablage führt in den Reihen zu gleichmäßigeren Pflanzabständen. Bei Saatgut mit hoher Triebkraft, guter Kalibrierung oder Pillierung (siehe Seite 13), kann auf Endstand abgelegt und auf ein Vereinzeln verzichtet werden. Sind die Voraussetzungen weniger günstig oder soll das Risiko gemindert werden, wird auf halben Endstand abgelegt. Überzählige Pflanzen sind hier nach dem Aufgang durch Vereinzeln zu entfernen.

Für besonders hochwertige Kulturen sind **Samenbänder** erhältlich (siehe auch Seite 13). Hier werden die Samen in gleichen Abständen zwischen zwei Spezialpapiere oder Kunststoffbänder geheftet und zu Rollen aufgewickelt. Für das Auflaufen ist eine gute Bodenfeuchte

Reihensaat: Reihen mit einem Harkenstiel entlang einer gespannten Mauerschnur markieren, nach Drillsaat direkt aus der Samentüte die Samenkörner mit dem Rücken der Harke andrücken.

oder ein gründliches Bewässern erforderlich.

Als eine Gleichstandsaat, wobei jeweils mehrere Samen abgelegt werden, kann man die **Horstsaat** bezeichnen. Buschbohnen werden auf diese Weise ausgesät; vier bis fünf Samen kommen hierbei auf eine Saatstelle. Vorteile sind die stärkere, vereinte Kraft der Keimlinge beim Durchbrechen verkrusteter Böden und ein leichteres Hacken in den Reihen.

Bei Gemüsearten, die längere Zeit zur Keimung benötigen (z. B. Möhren und Zwiebeln), ist die Verwendung von **Markiersaat** zu empfehlen. Dazu eignen sich am besten Radies, von denen man vor dem Abdecken der Reihen alle 8 – 10 cm ein Korn auslegt. Die relativ schnell aufgehenden Radies zeigen die Reihen an, so daß bereits vor dem Aufgang der Möhren oder Zwiebeln gehackt und damit dem Boden Sauerstoff zugeführt sowie der Wasserhaushalt günstig beeinflußt werden kann.

Damit die Samenkörner mit den Bodenteilchen und der Bodenfeuchtigkeit in gute Verbindung kommen, muß nach der Aussaat noch angedrückt werden. Dabei klopft oder walzt man aber nicht das gesamte Beet an, sondern drückt nur die Saatreihen z. B. mit dem Rücken der Harke fest an. Ein **Andrücken** oder Walzen der gesamten Beetfläche würde die Verdunstung fördern und bei Niederschlägen zur Bodenverkrustung führen.

Die gekeimten Radieschen-Sämlinge zeigen den Verlauf der Reihe an. So kann schon vor dem Aufgehen der Hauptkultur der Boden gelockert werden.

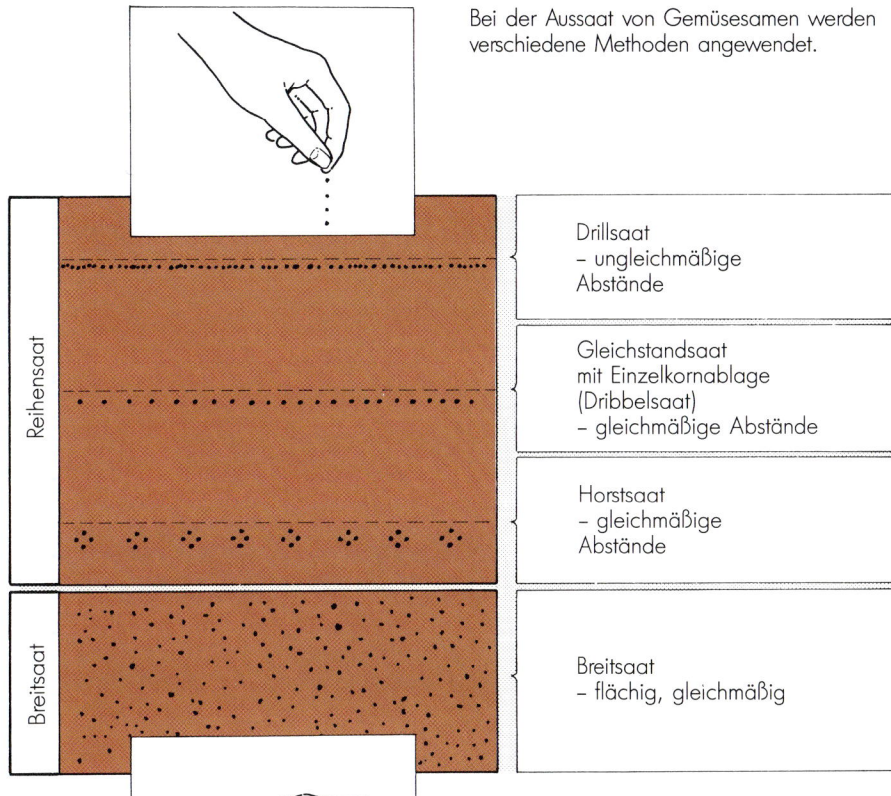

Bei der Aussaat von Gemüsesamen werden verschiedene Methoden angewendet.

Reihensaat

Breitsaat

Drillsaat
– ungleichmäßige Abstände

Gleichstandsaat mit Einzelkornablage (Dribbelsaat)
– gleichmäßige Abstände

Horstsaat
– gleichmäßige Abstände

Breitsaat
– flächig, gleichmäßig

Vorkultur

Die Jungpflanzenzucht lohnt besonders bei Frühkulturen, bei langsam wachsenden Kulturen in kurzen Vegetationsperioden, bei wärmebedürftigen (z. B. Paprika, Eierfrüchte, Melonen, Tomaten, Zucchini) und bei schwierig keimenden Arten. Je nach Gemüseart, den örtlichen Gegebenheiten und eigenen Anschauungen werden verschiedene Anzuchtverfahren praktiziert (siehe Seite 16).

Bei der Aussaat direkt in Töpfe können Einzeltöpfe aus Ton oder Kunststoff, Jiffy-Töpfe, Multitopfplatten oder Mulitzell-Platten verwendet werden (siehe auch Seite 27). Bei Anzucht im Freien oder in Frühbeeten ist eine gute Humusversorgung für die Bildung fester Wurzelballen sehr wichtig. Gegebenenfalls sollte man den Boden mit Kompost, Rindenhumus oder Torf verbessern. Außer Breitsaat

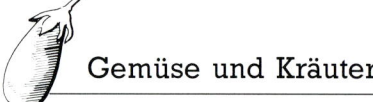

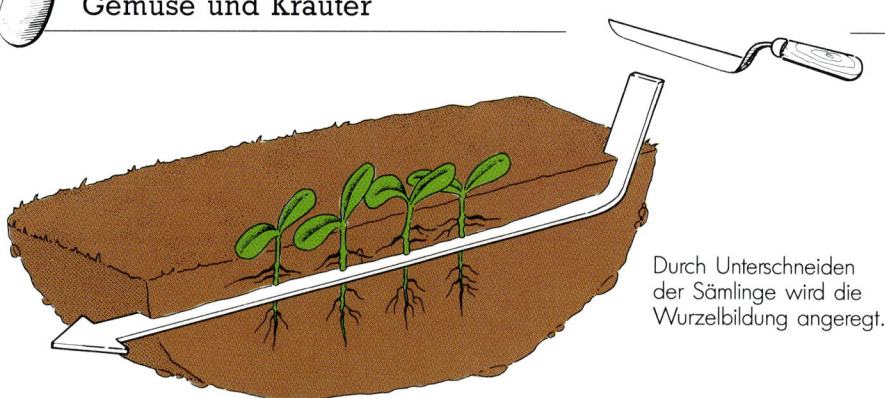

Durch Unterschneiden der Sämlinge wird die Wurzelbildung angeregt.

Auspflanzen

Jungpflanzen mit kräftigem Wurzelballen und gedrungenem, gesundem Wuchs sind das Ziel der Anzucht. Sie sind einen Tag vor dem Auspflanzen tüchtig zu gießen und am besten an einem bedeckten Tag oder in den kühleren Abendstunden zu pflanzen. Die aufgenommenen Jungpflanzen sollen so bald wie möglich gepflanzt werden. Dies gilt besonders für Jungpflanzen ohne Topfballen.

Gleiche Abstände zwischen den Nachbarpflanzen bieten die besten Voraussetzungen für hohe und qualitativ gute Erträge. Am gebräuchlichsten ist die Pflanzung im Verband (Dreieckspflanzung). Das Land sollte so locker und feucht sein, daß ohne Schwierigkeiten mit der Hand gepflanzt werden kann. Die Pflanzkelle verwendet man vor allem für pikierte und getopfte Gemüsepflanzen mit größerem Wurzelballen. Die Erde wird anschließend von allen Seiten so angedrückt, daß die Pflanzen fest und aufrecht stehen, ihr Wurzelballen aber nicht beschädigt wird.

Das Pflanzholz wird eingesetzt, wenn es sich um Pflanzen aus dem Saatbeet handelt, die keinen größeren Wurzelballen besitzen. Wichtig ist dabei, daß sich in dem schmalen Pflanzloch die Wurzeln nicht nach oben biegen. Dadurch würden besonders bei kurzlebigen Gemüsearten erhebliche Wachstumsstockungen verursacht. Arten mit Rosettenwuchs, wie Kopfsalat, werden flach, Arten mit längerer Sproßachse und Neigung zur Adventivwurzelbildung, wie Kohlarten oder Tomaten, tiefer gepflanzt. Das Anwachsen kann man durch kräftiges Angießen fördern.

kann auch in Reihen ausgesät werden. Dabei sind Reihenabstände von 6–8 cm üblich. Da in der Regel direkt aus dem Saatbeet an den endgültigen Standort gepflanzt wird, sind geringe Saatstärken zu empfehlen. Feine Sämereien sind mit Sand zu strecken.

Schattieren und hohe Luftfeuchte verbessern das Auflaufen der Samen. Die Verzweigung der Wurzeln kann durch Unterschneiden der Sämlinge im Pikierstadium stimuliert werden. Zum Aufnehmen der fertigen Jungpflanzen lockert man das Substrat und hebt die Pflanzen mit möglichst vielen Wurzeln heraus, um das Anwachsen der Jungpflanzen zu beschleunigen. Anwachsrisiko und Pflanzschock sind dennoch größer als bei getopften Jungpflanzen. Letzteres Verfahren kommt für alle unempfindlichen Arten in Frage, wie mittelfrüher Salat und Kohlrabi, Spätkohl, Grünkohl und Porree.

Vor dem Auspflanzen sind die Gemüsejungpflanzen abzuhärten. Dadurch können sie an die veränderten Wachstumsbedingungen im Freiland angepaßt werden und beugen einem Pflanzschock vor. Denn dort müssen sie sich an niedrigere Temperaturen, an eine stärkere Verdunstung und an die UV-Strahlung gewöhnen. Zur Abhärtung wird mehr gelüftet und die Raumtemperatur langsam bis an die Freilandwerte abgesenkt. Am wirksamsten ist dies mit den Lüftungsvorrichtungen der Frühbeete möglich, wo man sogar die Fenster abnehmen kann. Durch trockene Bedingungen und eine gute, aber nicht zu reichliche Nährstoffversorgung läßt sich der Prozeß unterstützen.

| richtig | zu tief | zu hoch | richtig |

Saat- und Pflanztabelle für Gemüse

Gemüseart	Aussaat Monat	Reihen- abstand cm	Pflanzzeit Monat	Pflanzen- abstand cm	Bemerkungen
Artischocken	II		M.-E.V	100x100	Direktsaat mit 3 Samen je Topf möglich; Aussaat an Ort und Stelle im April möglich, Ernte dann im folgenden Jahr
Auberginen (Eierfrucht, unter Glas)	III-IV		V	50x50	Aussaattemperatur 20 °C; In Töpfe pikieren
Blumenkohl					
unter Glas	II		E.III	40x40	Direktsaat in Pflanzeinheiten bzw. Einzeltöpfe
Frühanbau	M.II		IV	50x50	möglich
Sommer	E.II-A.V		A.V.-M.VI	50x50	
Frühherbst	A.V-A.VI		A.VI-A.VII	50x50	
Spätherbst	M.VI		M.-E.VII	50x50	
Brokkoli					
früh	M.III		M.IV	45x45	
Sommer	M.IV-M.VI		M.V-M.VII	45x45	
Buschbohnen	M.V-M.VII	35-40			Bei Reihensaat Samen einzeln im Abstand von 4–6 cm auslegen, bei Horstsaat 5–6 Samen je Saatstelle
Cardy	III bis IV		M.-E.V	100x100	Vorkultur am besten in Einzeltöpfe mit 2 Samen
Chicorée	A.-M.VI	30			Aussaat in Reihen mit 2–3 cm Samen- abstand
Chinakohl					Aussaat an Ort und Stelle möglich; In der
Normalkultur	M.VII		E.VII-A.VIII	40x40	Reihe legt man alle 30 cm 3–4 Samen,
Lagersorten	M.VII		E.VII-A.VIII	50x50	später ausdünnen
Eissalat	A.III-M.VII		M.IV-E.VII	40x40	
Endivien					Vorkultur auf Anzuchtbeeten im Freiland,
Sommer	M.IV-M.VI		M.V-M.VI	35x35	möglichst dünn säen
Herbst	E.VI-M.VII		M.VII-M.VIII	40x40	
Erbsen	M.III-E.V	30			In der Reihe Samen im Abstand von 3–5 cm legen und 4–5 cm hoch mit Erde bedecken
Feldsalat	E.VII-A.IX	15			Nicht tiefer als 1–1,5 cm säen
Grünkohl					
Herbst	V		M.VI-M.VII	50x50	Vorkultur auf Anzuchtbeeten im Freiland in
Winter	VI		M.VII-M.VIII	50x50	Reihen, möglichst weitläufig säen
Gurken					Aussaat in Reihen einzeln im Abstand von
Freilandgurken	A.IV-M.V	80			5–6 cm oder Horstsaat mit 5–6 Samen im
Traubengurken	M.V	100			Abstand von 25–30 cm
unter Glas	E.III		M.V	120x40	Vorkultur in Einzeltöpfen mit 3 Samen je Topf
Knollenfenchel	M.IV		M.VI	30x30	Aussaat an Ort und Stelle in Reihen möglich, später auf 20 cm vereinzeln
Kohlrabi					
unter Glas	II		III	20x20	Samen nur flach mit Erde abdecken
Frühanbau	A.II		M.III	25x25	
Sommeranbau	IV		V	30x30	
Herbstanbau	M.VI		E.VII	30x30	
Kohlrüben	IV-E.V		V-A.VII	40x30	Vorkultur auf Anzuchtbeeten im Freiland

Gemüseart	Aussaat Monat	Reihen- abstand cm	Pflanzzeit Monat	Pflanzen- abstand cm	Bemerkungen
Kopfsalat unter Glas Frühanbau Sommeranbau Herbstanbau	 I-II II-A.III E.III-M.VI A.-M.VII		 E.II-III III-A.IV IV-A.VII M.-E.VIII	 20x20 25x25 30x30 25x25	Vorkultur für den Sommer- und Herbstanbau auf Anzuchtbeeten im Freiland; dünn aus- säen, nur so erzielt man kräftige Jungpflan- zen
Kürbis	M.V	100	E.V	100x100	Aussaat an Ort und Stelle mit 2–3 Samen je Saatstelle, später auf eine kräftige Pflanze ver- einzeln; Vorkultur am besten in Einzeltöpfen
Mangold	III-IV	30-40			Samenknäuel mit 3–5 Samen in der Reihe bei Blattmangold im Abstand von 15–20 cm, bei Rippenmangold im Abstand von 40 cm aussäen
Melonen	A.III-M.IV		IV-E.V	100x50	Vorkultur am besten in Einzeltöpfen bei Tem- peraturen von 20–22 °C
Möhren	III-E.VI	20-30			Den Samen mit der doppelten Menge trocke- nem, feinkörnigem Sand mischen, damit möglichst dünn ausgesät werden kann, Aus- saattiefe 0,5–1 cm; Markiersaat mit Radies- chensamen ist angebracht
Neuseeländer Spinat	III-IV		M.V-A.VI	60x40	Vorkultur in Einzeltöpfen mit 3 Samen
Paprika unter Glas Freiland	 E.II A.-M.III		 E.IV M.-E.V	 50x50 60x40	Vorkultur unter Glas, Sämlinge in Töpfe pikieren
Pastinaken	III-M.IV	30			Markiersaat mit Radieschensamen ist ange- bracht, nach dem Keimen auf 10 cm vereinzeln
Pflücksalat	III-VII	25			Nach dem Aufgang auf 15–20 cm in der Reihe vereinzeln
Porree Herbst Winter	 A.III-E.IV IV		 V-VI M.VI-M.VII	 40x15 40x15	Vorkultur im Frühbeetkasten oder auf Anzucht- beeten im Freiland; Aussaat an Ort und Stelle möglich
Prunkbohnen, Feuerbohne	E.IV-V	50			Horstsaat im Abstand von 50 cm mit jeweils 5–6 Samen
Puffbohnen, Dicke Bohnen	E.II-E.V	50			In der Reihe alle 10 cm einen Samen
Radicchio	M.VI-M.VII		VII	30x30	
Radieschen früh spät	 II-IV IV-VII	 8-12 8-12			Innerhalb der Reihe Samen im Abstand von 3–4 cm aussäen; Folgesaaten im Abstand von 2 Wochen
Rettich Frühsommer Winter	 III-V VI-VII	 30 30			In der Reihe in Abständen von 10–15 cm 2 Samen auslegen und nach dem Aufgehen auf eine Pflanze verziehen
Rhabarber			IX oder III	100x100	Vermehrung durch Teilung mit einem schar- fen Spaten; jede Teilpflanze muß mindestens eine kräftige Knospe aufweisen
Rosenkohl	IV		A.V-M.VI	60x60	Vorkultur am besten auf Anzuchtbeeten im Freiland
Rote Rüben normal spät	 IV-VI VI-VII	 30 30			In der Reihe in Abständen von 15 cm jeweils 3 Samenknäuel auslegen, später auf eine Pflanze je Saatstelle verziehen; Vor- kultur auf Anzuchtbeeten im Freiland möglich

Gemüseart	Aussaat Monat	Reihen-abstand cm	Pflanzzeit Monat	Pflanzen-abstand cm	Bemerkungen
Rotkohl					Für Frühkultur Aussaat unter Glas, später auf
früh	E.II		IV	50x50	Anzuchtbeete im Freiland, möglichst dünn
Herbst	A.III		V-A.VI	60x60	säen oder nach dem Aufgehen vereinzeln
Dauer	M.III		V-A.VI	50x50	
Schnittsalat	III-V	15			
Schwarzwurzeln	M.III-A.IV	30			Aussaat an Ort und Stelle, in der Reihe alle 2 – 3 cm einen Samen legen, Saattiefe 2 – 3 cm; Markiersaat ist angebracht
Sellerie					
Knollensellerie	A.III		E.V	50x40	Aussaat bei mindestens 18 °C, Keimung
Bleichsellerie	A.III-M.IV		A.V-E.VI	40x30	nach etwa 3 Wochen
Spargel			E.III-M.IV	100x40	Einjährige Pflanzen mit mindestens 7 – 8 gut entwickelten Wurzeln und einem gesunden Wurzelkopf mit wenigstens 4 – 5 Knospen verwenden
Spinat					
Frühjahr	II-A.IV	10-15			Samen nur 1 – 2 cm hoch mit Erde bedecken
Sommer	IV-VII	15-20			
Herbst	VIII-IX	10-15			
Stangenbohnen	M.V-E.VI	80			In der Reihe sollten die Stangen 60 cm auseinanderstehen; an den Beeträndern um jede Stange im Halbkreis 5 – 7 Samen auslegen
Tomaten					Vorkultur in Kisten unter Glas, Samen gleich-
unter Glas	A.III		E.IV	100x50	mäßig im Abstand von 2 cm auslegen, in
Freiland	E.II-M.III		M.-E.V	100x50	10-cm-Töpfe pikieren
Weißkohl					Für Frühkultur Aussaat unter Glas, später auf
früh	II		IV	40x40	Anzuchtbeete im Freiland, möglichst dünn
Herbst	E.II-A.III		A.V	60x50	säen oder nach dem Aufgehen vereinzeln
Dauer	M.-E.III		M.V-A.VI	60x50	
Wirsing					
Herbst	M.IV		M.VI-M.VII	50x50	Wie Weißkohl
Winter	E.IV		A.VII	50x50	
Zucchini	M.V		M.-E.V	100x100	Aussaat an Ort und Stelle möglich
Zuckermais	A.V-M.VI	60			In der Reihe legt man im Abstand von 30 – 40 cm jeweils 4 Samen aus und verein- zelt später auf 2 Pflanzen; Vorkultur mit Direktsaat in Einzeltöpfe mit 2 Samen möglich
Zwiebeln					
Säzwiebelanbau/					Nach dem Aufgang zu dicht stehende
Dauerzwiebeln	M.III-M.IV	20			Zwiebeln vereinzeln, Markiersaat vorteilhaft
Steckzwiebelgewinnung	M.III-A.IV	20			Nicht vereinzeln, dichter Stand bewirkt kleine Zwiebeln
Steckzwiebeln	M.III-A.IV	20			Abstand in der Reihe 8 – 10 cm

Heil-, Duft- und Gewürzpflanzen vermehren

Die meisten Heil-, Duft- und Gewürzpflanzen werden durch Aussaat vermehrt, andere Vermehrungsmethoden sind in der Regel nicht üblich oder möglich.

Die kälteunempfindlichen einjährigen Arten werden im Frühjahr von März bis Anfang April ausgesät, wenn der Boden nicht nur frostfrei, sondern auch genügend abgetrocknet und gut zu bearbeiten ist. Bezüglich der Aussaattechnik dienen die Hinweise auf Seite 15.

Die kälteempfindlichen einjährigen Arten können erst nach Mitte Mai gesät werden, wenn keine Nachtfrostgefahr mehr besteht. Ihre Vegetationszeit ist dann recht kurz. Will man von solchen Pflanzen größeren Ertrag erzielen, so ist die Aussaat unter Glas besser, da sie kräftige Jungpflanzen hervorbringt, die dann ins Freiland gesetzt werden und gleich im Wachstum fortfahren können. Die Anzuchtverfahren unter Glas sind auf Seite 15 beschrieben. Staudige Arten können in gleicher Weise aus Saatgut herangezogen werden. Oft ist es aber einfacher, sich Teilstücke von alten Stauden aus der Nachbarschaft oder vom Gärtner zu besorgen.

Die Tabelle gibt Auskunft über die günstigen Aussaatzeiten, den Reihen- bzw. Pflanzenabstand und wichtige Hinweise zur Vermehrung. Sie enthält darüber hinaus Hinweise, ob eine Kultur in Töpfen möglich ist.

Saat- und Pflanztabelle für Heil-, Duft- und Gewürzpflanzen

Pflanzenart	Aussaatzeit	Reihen- bzw. Pflanzabstand	Bemerkungen
Einjährige Arten Anis	März/April	20-30 cm	Aussaat an Ort und Stelle, Markiersaat ist angebracht; Topfkultur möglich
Basilikum	Mai	25-30 cm	Aussaat an Ort und Stelle nicht vor M. Mai, da kälteempfindlich; Vorkultur unter Glas und Topfkultur möglich
Bohnenkraut	April – Juni	25-30 cm	Aussaat an Ort und Stelle; Topfkultur möglich
Borretsch, Gurkenkraut	März – Juli	30 cm	Aussaat an Ort und Stelle, die großen Samen können gleich im Abstand gelegt werden; Folgesaaten im Abstand von 14 Tagen; Topfkultur möglich
Dill	April – Juni	25-30 cm	Aussaat an Ort und Stelle. Folgesaaten im Abstand von 4 Wochen sinnvoll; Aussaat zwischen Zwiebeln, Gurken usw. im Gemüsegarten sinnvoll
Gartenkresse	ab März	10 cm	Folgesaaten alle 14 Tage bis Juni und dann wieder ab September; im Winter Aussaat im Haus in flachen Schalen mit Erde oder auf Fließpapier
Kerbel	ab Ende März	10-15 cm	Aussaat an Ort und Stelle, Folgesaaten im Abstand von 3 Wochen; Topfkultur möglich
Knoblauch	April	15x15 cm	Vermehrung durch Stecken der Nebenzwiebeln (Zehen) etwa 4 cm tief
Koriander	April	25 cm	Aussaat an Ort und Stelle
Kümmel	ab März	50 cm	Aussaat an Ort und Stelle
Löffelkraut	März/April	20 cm	Aussaat an Ort und Stelle; auch schon August/September möglich
Majoran	ab Mitte Mai	30 cm	Aussaat an Ort und Stelle; kann auch in Töpfen gezogen werden.
	April	20x15 cm	Vorkultur unter Glas

Pflanzenart	Aussaatzeit	Reihen- bzw. Pflanzabstand	Bemerkungen
Pastinaken	März	30x10 cm	Aussaat an Ort und Stelle
Petersilie	März-Juni	30 cm	Aussaat an Ort und Stelle, auf etwa 8 cm ausdünnen; Topfkultur möglich
Portulak	ab Mitte Mai	30 cm	Aussaat an Ort und Stelle
Schnitt-Knoblauch	März-August	30 cm	Aussaat an Ort und Stelle; Topfkultur möglich
Winterportulak	August/September	breitwürfig	Aussaat an Ort und Stelle
Mehrjährige Arten Baldrian	März/April	40x25 cm	Aussaat an Ort und Stelle oder auch Vorkultur unter Glas, langsam keimend
Beifuß	Februar/März	40x30 cm	Vorkultur unter Glas, Vermehrung durch Teilung möglich
Dost	Februar/März	50x50 cm	Vorkultur unter Glas
Estragon	Februar/März	40x40 cm	Vorkultur unter Glas; Vermehrung durch Teilung oder Ausläufer möglich, ebenso Topfkultur
Fenchel	März/April	20-25 cm	Aussaat an Ort und Stelle
Kamille	April	25-30 cm	Aussaat an Ort und Stelle
Lavendel	ab März	30x30 cm	Aussaat unter Glas bei 20-25 °C; Topfkultur möglich
Liebstöckel	März-Mai	50 cm	Aussaat an Ort und Stelle oder Vorkultur unter Glas; Topfkultur möglich
Majoran, ausdauernder Dost	ab April	25-50 cm	Vorkultur im Glas
Meerrettich	März	40 cm	Von einer starken Wurzel schneidet man die etwa 30 cm langen und fingerdicken Seitenwurzeln ab; sie werden dann so eingepflanzt, daß das obere Ende mit der Beetoberfläche abschließt.
Melisse	Februar/März	35x35 cm	Vorkultur unter Glas, im Mai auspflanzen
Pfefferminze	März	30x30 cm	Vorkultur unter Glas; die echte Minze ist durch Ausläufer oder Teilung von Wurzelstöcken zu vermehren
Pimpinelle	Mai	20x25 cm	Aussaat an Ort und Stelle. Topfkultur möglich
Rosmarin	April/Mai	40x30 cm	Vorkultur unter Glas bei 25 °C, Keimung sehr ungleichmäßig. Topfkultur möglich
Salbei	April/Mai	30x40 cm	Vorkultur unter Glas; Topfkultur möglich
Sauerampfer	März-Mai	25 cm	Aussaat an Ort und Stelle, auf 15 cm ausdünnen
Schnittlauch	Februar-April	30-40 cm	Aussaat an Ort und Stelle oder Vorkultur unter Glas; Topfkultur möglich
Thymian	März-Mai	25 cm	Am besten Vorkultur unter Glas; Aussaat an Ort und Stelle oder Topfkultur möglich
Waldmeister	September/Oktober	25 x 25 cm	Kaltkeimer, Aussaat an Ort und Stelle oder Vorkultur unter Glas, Keimdauer 30 – 200 Tage; Pflanzengewinnung durch Teilen alter Wurzelstöcke einfacher
Weinraute	April oder August	30x30 cm	Aussaat an Ort und Stelle oder durch Teilen der Wurzelstöcke
Wermut	April	60x100 cm	Vorkultur unter Glas
Ysop	April	25x30 cm	Vorkultur unter Glas; Topfkultur möglich
Zitronenmelisse	März/April	30x40 cm	Vorkultur unter Glas, Keimung ungleichmäßig; Topfkultur möglich

Stauden-Aussaat

Die Vermehrung durch Aussaat hat vor allem bei den Wildstauden eine hohe Bedeutung. Aber auch bei den Kulturformen (Namenssorten) gibt es heute eine Reihe von Züchtungen, die hundertprozentig treu aus Samen fallen. Neben dem Kauf von Samen kommt auch die eigene Ernte in Frage. Allerdings sind bei der Ernte von Wildstauden-Samen in der freien Natur die gesetzlichen Vorschriften einzuhalten.

Bei der Verwendung von Samen aus Wildherkünften - ob aus eigener Samenernte oder zugekauft - ist zu beachten, daß ihre Keimfähigkeit meist nur zwischen 30 und 60 Prozent liegt, während man bei Kulturpflanzen eine Keimfähigkeit von etwa 90 Prozent erreicht.

Eine Aussaat von Stauden in den Frühbeetkasten oder auf Freilandbeete kommt nur für robuste Keimer in Frage. Normalerweise ist es vorteilhafter, in Kisten auszusäen, weil man die Aussaaten besser unter Kontrolle hat.

In der Regel deckt man die Staudensamen doppelt so dick mit Erde ab, wie sie selber stark sind. Samen mit »Anhängseln« und besonders grobkörnige Samen sind stärker abzudecken, ganz feine gar nicht. Wichtig ist auch eine dauerhafte und wetterfeste Etikettierung der Aussaatgefäße.

Wenn sich die Sämlinge gegenseitig im Wachstum behindern, ist es Zeit, die Pflänzchen zu pikieren. Langsam wachsende alpine Stauden sollte man möglichst eng pikieren, damit der Boden schnell bedeckt wird.

Bei sehr kleinen und zarten Sämlingen ist es sinnvoll, gleich zwei bis fünf Sämlinge tuffweise zusammen zu pikieren. Die Pikiergefäße werden an geschützter Stelle im Freien oder in einem Frühbeetkasten auf-gestellt, damit sie sich an der frischen Luft unter sorgfältiger Pflege weiterentwickeln können, bevor sie ausgepflanzt werden.

Für einige Staudenarten, die nur durch Samen vermehrt werden können, bei denen aber die Samenernte schwierig oder die Lagerfähigkeit der Samen begrenzt ist, kann die Selbstaussaat am Standort interessant sein. Der Boden um die Pflanzen herum muß während des Sommers offen und unkrautfrei gehalten werden, damit die Samen ein gutes Keimbett finden. Die Sämlinge erscheinen in der Regel im kommenden Frühjahr und können dann pikiert oder an Ort und Stelle gepflanzt werden.

> Nicht selten keimen Staudensaaten sehr ungleichmäßig. Deshalb niemals die Aussaatgefäße ausleeren, wenn nicht alle Samen gut gekeimt haben! Man pikiert zunächst nur das, was aufgelaufen ist, und stellt die Gefäße wieder zurück.

Kaltkeimer

Eine Reihe von Stauden müssen - wie viele Gehölze gemäßigter Gebiete - einer Kühlbehandlung unterzogen werden, damit sie keimen können. Zum größten Teil handelt es sich um Pflanzen, die an ihrem Naturstandort längeren Frost- und Schneeperioden ausgesetzt sind. Saatgut aus eigener Ernte kann man noch im Spätsommer aussäen, gleich nach der Samenernte, wenn es noch warm ist. Die Gefäße werden gut angegossen und so aufgestellt, daß sie den Winter über Schnee und Frost ausgesetzt sind, um damit die zur Keimung notwendige Kühlbehandlung zu erfahren; die Temperaturen erzielen nur bei gequollenen Sammen die gewünschte Wirkung. Schutz vor Vögeln und Mäusen muß gewährleistet sein. Sobald die Samen beginnen zu keimen, sind die Aussaat-

Maiglöckchen werden durch Teilung der rhizomähnlichen Organe mit mindestens einer Knospe vermehrt. Rechts: Staudenteilung.

gefäße hell und vor Frost geschützt aufzustellen und zur gegebenen Zeit zu pikieren.

Saatgut aus dem Samenfachhandel ist in der Regel erst im Laufe des Winters erhältlich. Hier muß zunächst die »Warmbehandlung« des Spätsommers nachvollzogen werden. Dazu werden die Aussaatgefäße zunächst vier bis fünf Wochen bei Temperaturen zwischen 15 und 20 °C aufgestellt. Erst anschließend erfolgt die Kaltbehandlung im Freiland, indem man die Gefäße nach draußen oder in den Kühlschrank stellt. Beim Herausstellen ins Freiland ist zu beachten, daß der Temperaturübergang vom Warmen ins Kalte nicht abrupt erfolgt, da sich die Samen erst an die tieferen Temperaturen gewöhnen müssen, sonst erleiden sie Schaden. Während der Zeit in der »Kälte« ist eine Temperatur von 5–8 °C ideal, Temperaturen unter dem Gefrierpunkt dagegen bleiben wirkungslos. Im Freiland, aber auch in einem kalten Frühbeetkasten oder in einem nicht geheizten Kleingewächshaus werden diese Temperaturen gut erreicht.

Langsamkeimer – Stauden mit langer Vorkultur

Die Langsamkeimer sind nur schwer von den Kaltkeimern zu trennen. In der Regel handelt es

Durch Aussaat in kleine Vermehrungseinheiten wird ausgeschlossen, daß schnelle und langsam keimende Samen in ein Gefäß kommen.

sich um Pflanzenarten mit harter Samenschale oder um Samen, bei denen der Embryo noch nicht voll entwickelt ist. Man behandelt die langsam keimenden Stauden am besten wie Kaltkeimer, muß aber damit rechnen, daß sie nicht schon im Frühjahr keimen, sondern noch einen Sommer über liegen und erst im zweiten Frühjahr nach der Aussaat keimen. Man läßt deshalb die Aussaatgefäße den Sommer über im Freien stehen, möglichst an einem schattigen Platz, und deckt sie mit einer zusätzlichen Schicht Erde ab, damit sie nicht austrocknen und eventuell aufgehendes Unkraut ohne Beschädigung der Aussaat gejätet werden kann.

Schnellkeimer – Stauden mit kurzer Vorkultur

Bei dieser Gruppe Stauden ist man zur Aussaat nicht streng an eine bstimmte Jahreszeit gebunden. Man wird den Aussaattermin aber so wählen (Ende März/Anfang April), daß die Pflanzen nach dem Pikieren und Auspflanzen noch im Herbst zur Blüte kommen. Schnellkeimer brauchen im allgemeinen hohe Keimtemperaturen

zwischen 18 und 24 °C und lassen sich schon nach vier bis sechs Wochen pikieren. Um sich das Pikieren zu sparen, können einige Arten auch gleich in Torfanzuchttöpfe oder andere Pflanzeinheiten ausgesät werden.

Stauden vegetativ vermehren

Im Prinzip lassen sich alle Stauden vegetativ vermehren. In Frage kommen das Teilen, die Vermehrung durch Ausläufer, durch Wurzelschnittlinge und durch Stecklinge.

Stauden durch Teilen vermehren

Für den Gartenfreund ist die Teilung der Stauden die wichtigste Vermehrungsart. In welchen Zeiträumen Stauden geteilt oder auf andere vegetative Art und Weise vermehrt werden sollten, kann nicht pauschal beantwortet werden. So gibt es langlebige Stauden, die zehn Jahre und länger an ihrem Platz stehenbleiben können und nicht oder kaum in Wuchs und Blüte nachlassen; Voraussetzung hierfür ist allerdings, daß sie zusagende Verhältnisse finden. Dazu gehören z. B. viele Hahnenfußgewächse (Ranunculaceen) wie Pfingstrose, Leberblümchen, Anemonen und Christrosen. Ihnen stehen Stauden gegenüber, die selten älter als drei Jahre werden. Dies ist z. B. bei Akelei, Rittersporn und verschiedenen Primel-Arten der Fall. Aber auch langlebige Stauden sollte man nicht unbedingt zehn Jahre am gleichen Standort stehen lassen. Wenn sie gut stehen, Luft und Licht um sich haben und sorgsam gepflegt werden, tun sie manchmal zehn

Jahre und mehr ihren Dienst und bilden imponierende Schaustücke. Lassen sie schließlich doch nach, sind sie zum Teilen nicht mehr zu gebrauchen. Je älter sie werden und je mehr sie eingewachsen sind, um so schlechter lassen sie sich teilen bzw. sie kümmern nach der Teilung sehr lange. Nur bei Arten, die lange Ausläufer ausbilden, macht die Teilung auch an älteren Pflanzen keine großen Probleme. Bei kurzlebigen Stauden ist eine laufende Neuanzucht zu empfehlen. Nur immer wieder geteilte und frisch gesetzte Bestände bringen schöne Blumen auf kräftigen Stielen. Bei älteren Pflanzen fallen die Stauden auseinander, die Stengel liegen halb am Boden und werden krumm, die Blüten kleiner. Das Teilen regeneriert oder stimuliert also die Stauden, vor allem, wenn es regelmäßig und zum günstigen Zeitpunkt geschieht.

Neben der Gruppe der lang- und kurzlebigen Stauden gibt es eine dritte. Sie umfaßt Stauden, welche drei, vier, fünf oder noch mehr Jahre an ihrem Platz bleiben können. Nach dieser Zeit muß man sie aufnehmen, teilen oder auf andere Art und Weise vermehren und wieder pflanzen oder ersetzen. Vor allem ist das bei den meisten Solitärstauden unerläßlich. Die Pflanzen blühen sonst nicht mehr reich und stagnieren im Wuchs.

Wann es notwendig ist, kann man den Beständen meistens ansehen. Dabei gibt es zwei Möglichkeiten: Man teilt von Fall zu Fall, also wenn es für die einzelnen Arten, die man im Garten stehen hat, nötig ist, oder man arbeitet in pauschalen Rhythmen und teilt grundsätzlich alle Stauden nach vier bis sechs Jahren. Die zuerst genannte Methode ist in kleinen Gärten mit wenigen Stauden, ferner im Alpinum und anderen besonderen Anlagen angebracht. Die zweite ist bei großen, geschlossenen Pflanzungen üblich, sollten allerdings nach Plan erfolgen. Und hierfür gibt es nochmals zwei Möglichkeiten: Man kann an einen neuen Platz pflanzen oder den bisherigen nochmals benutzen. Natürlich muß dieser besonders sorgfältig hergerichtet werden. Ob und welche der bisherigen Stauden man aufteilen und wieder verwenden kann, läßt sich nur von Fall zu Fall entscheiden. Es ist nicht auszuschließen, doch selten eignen sich dafür alle Pflanzen. Die zu teilenden Stauden müssen gesund und triebkräftig sein. Wenn man sich überzeugt hat, daß eine Teilung angebracht ist, nimmt man die Stauden aus der Erde, sobald sie im Spätsommer abgeblüht sind, schneidet die Stengel herunter und prüft, ob sie sich teilen lassen.

Viele Stauden lassen sich, wie dieses Gras, einfach durch Teilen in faustgroße Stücke vermehren.

53

Ist es möglich, dann teilt man sofort und pflanzt die erzielten Teilstücke auf ein besonderes Beet oder schlägt sie sorgfältig ein. Dabei ist auf sorgfältige Etikettierung zu achten, damit man später auch die verschienenen Arten unterscheiden kann.

Wenn der bisherige Platz abgeräumt ist, wird er so hergerichtet, daß man ihn im Frühjahr wieder besetzen kann. Gegebenenfalls ist Kompost einzuarbeiten. Räumt man das gesamte Staudenbeet ab, kann man auf Spätblüher keine Rücksicht nehmen; man muß sie ebenfalls herausnehmen, teilen und einschlagen. Diese Teilstücke sollte man vorsorglich in Töpfe pflanzen und über Winter in ein Frühbeet oder an einen recht geschützten Platz räumen. Die Spätblüher brauchen diese Fürsorge, werden sie doch zum ungünstigsten Zeitpunkt in ihrer Entwicklung gestört.

Die Teilung ist weder eine schwere noch eine schwierige Arbeit, doch sind Geschick und Überlegung notwendig. Man legt die Ballen vor sich hin und prüft genau, ob die Pflanzen gesunde Wurzeln haben und ob die Stengel an ihrer Basis mit Knospen besetzt sind. Wenn ja,

Stauden teilt man mit Hilfe der Grabgabel während der Wachstumsruhe.

kommen sie für eine Teilung in Betracht. Haben sie einige kräftige, verholzte Triebe, packt man mehrere und versucht behutsam, die Ballen auseinander zu drücken oder zu zerreißen. Natürlich schneidet man die Wunden sauber glatt. Dann nimmt man das Teilstück so in die Faust, daß es oben nur wenig überragt, und kürzt die Wurzeln bis zum unteren Ende der Faust. Bei den Teilstücken werden die Wurzeln etwa auf Handlänge eingekürzt. Das Einkürzen der Blätter kann auf ein Drittel bis zur Hälfte ihrer Länge geschehen. Auf keinen Fall dürfen die Blätter ganz oder bis auf ein geringes Ausmaß entfernt werden. Ohne Blätter und Stengel brauchen die Teilstücke sehr lange zum neuen Austrieb. Haben die Pflanzen keine verholzenden Stengel oder Triebe, wie Pfingstrosen und Rittersporn, dann muß man den Klumpen allmählich in angemessen große Stücke zerschneiden. Bei sehr großen Ballen kann man mit dem Spaten vorteilen und mit einem kräftigen, scharfen Messer die Arbeit vollenden. Man muß dabei mit Überlegung vorgehen, sonst bekommt man zuviel Abfall, und an den Augen bleiben zu wenig Wurzeln. Ballen, die aus den Wurzeln und einer dichten Rosette von zahlreichen Blättern bestehen, lassen sich ebenfalls nur mit dem

Spaten und anschließend mit dem Messer teilen. Bei ihnen sind zur Weiterverwendung vor allem Stücke vom Rand geeignet.

Wichtig ist es, das Unkraut, das sich in den Wurzelstock eingeschlichen hat, sorgfältig zu entfernen. Bei Stauden, die im Winter nicht einziehen und deren Überwinterungsorgane über der Erdoberfläche liegen und an ihren Trieben Wurzeln bilden, ist die Vermehrung einfach. Viele teppichbildende Stauden wie das Katzenpfötchen (*Antennaria dioica*), das Sternmoos (*Sagina subulata*), das Hellerkraut (*Lysimachia nummularia*) und viele *Sedum*-Arten gehören dazu; sie können aufgenommen, geteilt und sofort wieder gepflanzt werden. Gräser sollte man nicht im Herbst teilen. Das gilt für alle Arten, auch für diejenigen, die im Winter einziehen.

Folgende Stauden lassen sich in der Regel überhaupt nicht teilen, denn sie haben ein tiefgehendes, pfahlartiges Wurzelsystem:

Adonisröschen	*Adonis vernalis*
Küchenschelle	*Pulsatilla vulgaris*
Akelei	*Aquilegia*-Hybriden

Schleierkraut	*Gypsophila paniculata*
Freiland-Gloxinie	*Incarvillea-Arten*
Missouri-Nachtkerze	*Oenothera missouriensis*
Kermesbeere	*Phytolacca-Arten*

Folgende Stauden lassen sich besonders leicht teilen; sie zerfallen häufig schon beim Herausnehmen in einzelne Wurzelstücke oder Rhizome:

Eisenhut	*Aconitum*-Arten
Maiglöckchen	*Convallaria majalis*
Schwarzaugen-Sonnenblume	*Helianthus atrorubens*
Lampionpflanze	*Physalis alkekengi*

Die folgenden Stauden lassen sich mit der Hand oder dem Messer, besonders im jungen Zustand, leicht in einzelne bewurzelte Triebe zerlegen:

Rote Schafgarbe	*Achillea-Millefolium*-Sorten
Herbstaster	*Aster novi-belgii*
Frühsommer-aster	*Aster tongolensis*
Sommermargerite	*Chrysanthemum maximum*
Gelbe Frühlingsmargerite	*Doronicum-Arten*
Sonnenbraut	*Helenium*-Arten
Schwertlilie	*Iris germanica*
Taubnessel	*Lamium*-Arten

Beim Rittersporn werden die Stecklinge mit einem Stück Wurzelansatz von der Mutterpflanze abgerissen.

Nie sollte man eine eingewurzelte, starke Staude im Garten verpflanzen, ohne sie zu teilen. Derartige ungeteilte Stauden werden immer nach dem Verpflanzen kümmern, und zwar nicht nur eine kurze Zeit, sondern bis zu ihrem Tod, auch wenn er jahrelang auf sich warten läßt. Nie werden ungeteilte Pflanzen so üppig und schön wie etwa faustgroße oder noch kleinere Teilpflanzen.

Stauden durch Stecklinge vermehren

Die Vermehrung durch Stecklinge ist nicht bei allen Stauden möglich. Sie ist nur im Stadium der Streckung und des starken Wachstums der Triebe sinnvoll und in der Regel auch möglich. Die Pflanzen besitzen dann ausreichend Reserven. Später folgt die Blühperiode. Alle Kräfte werden dann für den Flor und die sich entwickelnden Samen gebraucht. Daher vermögen Stecklinge, die kurz vor diesem Sta-

dium geschnitten werden, eher zu blühen als Wurzeln zu bilden. In der Regel schneidet man von Ende April bis Ende Juni.

Die am häufigsten eingesetzte Stecklingsart ist der Kopfsteckling, der je nach Sorte oder Art 3–15 cm lang sein kann.

Einige Staudenarten und -sorten sind nur durch Stecklinge vermehrbar, wenn diese mit Rhizom- oder Wurzelansatz von der Mutterpflanze abgenommen werden. Diese **Kopfstecklinge mit Ansatz** lassen sich nicht anders schneiden, da die Triebe zum größten Teil hohl sind (z. B. Rittersporn und Lupine), so daß sie – ohne Ansatz geschnitten – keine Wurzeln bilden können.

Der **Rosettensteckling** ist eine Form des Kopfstecklings bei Pflanzenarten mit dicht stehenden, rosettig angeordneten Blättern, wie dies z. B. bei Steinbrech *(Saxifraga)* der Fall ist. Die Rosetten werden entweder durch Abreißen oder Ausbrechen von den Mutterpflanzen abgenommen. Sie werden so gesteckt, daß die Rosette auf dem Vermehrungssubstrat fest aufsitzt.

Die Stecklingsgefäße sind hell und bei mäßiger Temperatur aufzustellen; außerdem sollte man ihnen einen Verdunstungsschutz mitgeben. Bei direkter Sonnenbestrahlung ist zu schattieren. In der Regel genügt es, Zeitungspapier aufzulegen. Entscheidend ist, daß die Stecklinge bis zur Wurzelbildung immer frisch bleiben und daß sie ständig feuchte Luft haben. Sobald sie Wurzeln bilden, müssen sie zunächst etwas Luft bekommen, bis schließlich der

Verdunstungsschutz ganz entfernt wird oder die Stecklingsgefäße aus dem Vermehrungsbeet genommen werden.

Die übliche Pflege – Wässern, Schattieren und Lüften nach erfolgter Bewurzelung – deckt sich mit den Pflegemaßnahmen, die jedem Steckling zuteil werden muß (siehe auch Seite 24). Nur übersehe man dabei nicht, daß Stecklinge von Stauden Teile winterharter Freilandpflanzen sind und daß zuviel Wärme, zu geringe oder zu hohe Luftfeuchtigkeit, übermäßiges Schattieren und zu wenig oder zu späte Lüftung dem Staudensteckling schaden werden.

Stark wachsende Stecklinge muß man bald pikieren oder topfen. Stecklinge aus Pflanzeinheiten kann man nach ausreichender Abhärtung auch gleich auf Anzuchtbeete im Freien oder an den vorgesehenen Platz auspflanzen.

Bei einigen Stauden ist eine Vermehrung durch Blattstecklinge möglich. Wichtig ist, daß die Blätter voll entwickelt und gut ausgereift sind. Die Blätter werden ausgelegt und an den Boden fest geklammert oder einzeln in Rillen gesteckt. Vermehrt werden kann auf diese Art und Weise das Schaumkraut (Cardamine), Haberlea, Ramonda und Fetthenne (Sedum).

Sukkulente Stauden lassen sich leicht durch Blattstecklinge vermehren. Löst man bei ihnen ihre Blätter ab und steckt bzw. sät sie ins Freie aus, so bewurzeln sie und entwickeln sich rasch wieder zu prächtigen Pflanzen. Hierzu gehören unter anderem Sedum album und verwandte Formen.

Staudenvermehrung durch Wurzelschnittlinge: Die Bilder zeigen die ausgegrabene Mutterpflanze, die Wurzelschnittlinge, das Vermehrungsgefäß mit den waagerecht ausgelegten Schnittlingen und eine frisch eingetopfte Jungpflanze.

Stauden durch Wurzelschnittlinge vermehren

Es gibt einige Staudenarten und deren Kulturformen (Sorten), die sich durch Wurzelschnittlinge gut vermehren lassen. Man benötigt je nach Art stricknadel- bis etwa bleistiftstarke, mehr oder weniger gerade und gesunde Wurzeln, die man abtrennt und in 5 – 7 cm lange Stücke schneidet. Die dünnen Enden nehme man nur, wenn man auf jedes Stückchen Wurzel angewiesen ist. Die Wurzelteile werden in Handkisten gesteckt oder flach ausgelegt. Bis zum Durchtreiben können sie an relativ dunklen, aber frostfreien Orten aufgestellt werden. Treiben die Wurzelstücke durch, sind die Kisten ans Licht zu holen; höhere Temperaturen sind nicht nötig. Schließlich topft man ein und pflanzt später aus.

Der günstigste Zeitpunkt für das Schneiden und Legen der Wurzelschnittlinge ist der Spätherbst. Man kann aber auch die gleiche Methode wie der Erwerbsgärtner anwenden, der die Mutterpflanze im Herbst aus der Erde nimmt und einschlägt, und erst im Winter die eigentliche Vermehrung durchführen.

Eine durchaus empfehlenswerte Methode für Hobbygärtner ist die Vermehrung durch Absenken, wie sie bei Gehölzen üblich ist. Nelken, Gänsekresse (Arabis), Teppichphlox (Phlox subulata) und Blaukissen (Aubrietia) lassen sich unter anderem auf diese Art und Weise vermehren. Man lockert den Boden rings um die Mutterpflanze auf und hakt die Triebenden vorsichtig in der Erde fest. Die Erde muß ständig feucht gehalten werden. Es dauert dann mehrere Wochen, ehe die Triebe anfangen, Wurzeln zu bilden. Man läßt sie am besten bis zum nächsten Frühjahr an der Mutterpflanze und trennt sie erst dann ab.

Vermehrungstabelle für Stauden

Deutscher Name	Botanischer Name	Aussaatzeit	Keimbedingungen	Bemerkungen	Andere Vermehrungsmethoden
Stachelnüßchen	*Acaena*-Arten	XII-III	KK		Teilung, Stecklinge
Igelpolster	*Acantholimon*-Arten	XII-III	KK		Stecklinge, Anhäufeln im Herbst
Akanthus	*Acanthus*-Arten	XII-III	KK		Wurzelschnittlinge
Schafgarbe	*Achillea*-Arten	II-VI	SK	Direktsaat in Töpfe mit 3–5 Samen möglich.	Stecklinge
Eisenhut	*Aconitum*-Arten	I-IV	KK	Keimung nach 35–50 Tagen	Teilung
Christophskraut	*Actaea*-Arten	XII-III	KK	Keimung sehr unregelmäßig	
Adonisröschen	*Adonis vernalis*	II-IV	KK	Keimung sehr unregelmäßig; der Erde etwas Kalk zusetzen	Teilung der Horste
Steintäschel	*Aethionema grandiflorum*	XII-III	SK		Teilung, Stecklinge
Günsel	*Ajuga reptans*	III-V	SK		Teilung und Rosettenstecklinge
Frauenmantel	*Alchemilla*-Arten	XII-III	SK		
Lauch	*Allium*-Arten	XII-III	KK	2–3 Sämlinge zusammen pikieren	Brutzwiebeln
Steinkraut	*Alyssum*-Arten	IV-VI	SK	Einzeln pikieren	Stecklinge
Silberimmortelle	*Anaphalis margaritaceae*	IV-VI	SK		Teilung, Frühjahrsstecklinge
Mannsschild	*Androsace*-Arten	XII-III	KK	Am besten gleich nach der Samenreife	Bewurzelte Ausläufer, Rosettenstecklinge
Windröschen	*Anemone*-Arten	III-IV	KK		Teilung, Wurzelschnittlinge zum Teil möglich
Katzenpfötchen	*Antennaria dioica*	II-V	SK	Samen sehr fein	Teilung
Färberkamille	*Anthemis tinctoria*	XII-III	SK		Teilung, Stecklinge
Graslilie	*Anthericum*-Arten	XII-III	KK		Teilung
Wundklee	*Anthyllis vulneraria*	II-V	SK		
Akelei	*Aquilegia*-Arten	I-III	LK		Teilung nur ausnahmsweise
Gänsekresse	*Arabis caucasica*	III-VI	SK	Direktsaat mit 3–5 Samen möglich	Stecklinge
Sandkraut	*Arenaria montana*	IV-VI	SK	Einzelkorndirektsaat möglich	Stecklinge
Grasnelke	*Armeria*-Arten	III-VI	SK		Rosettenstecklinge
Arnika	*Arnica montana*	XII-III	KK	Am besten gleich nach der Samenreife aussäen	
Gefleckter Aronstab	*Arum maculatum*		LK	Nach der Samenreife aussäen; Samen liegt häufig ein Jahr und mehr über	Brutknollen
Waldgeißbart	*Aruncus dioicus*	XII-III	KK		Teilung
Haselwurz	*Asarum europaeum*	XII-III	LK	Keimung sehr ungleichmäßig, häufig erst nach 2 Jahren	
Junkerlilie	*Asphodeline lutea*	III-VI			Brutzwiebeln
Alpenaster	*Aster alpinus*	IV-VI	SK		Teilung, Stecklinge
Bergaster	*Aster amellus*	IV-VI	SK		Teilung, Stecklinge
Glattblattaster	*Aster novi-belgii*	IV-VI	SK		Teilung, Stecklinge
Astilbe	*Astilbe*-Arten	XII-III	KK		Teilung

Deutscher Name	Botanischer Name	Aussaat-zeit	Keimbe-dingun-gen	Bemerkungen	Andere Vermehrungsmethoden
Große Sterndolde	*Astrantia major*	XII-III	KK		Teilung
Blaukissen	*Aubrietia*-Arten	III-IV	SK	Direktsaat mit 4 – 5 Samen je Topf möglich	Teilung, Rosettenstecklinge
Bergenie	*Bergenia cordifolia*	XII-VI	KK	Samen nicht bedecken	Teilung, Rhizomschnittlinge
Ochsenauge	*Buphthalum salicifolium*	II-V	SK	Samen sehr fein	Teilung
Schwanenblume	*Butomus umbellatus*	Sofort nach der Samenreife			Teilung
Sumpfdotterblume	*Caltha palustris*	Sofort nach der Samenreife		Selbstaussaat am Standort zu empfehlen	Teilung
Glockenblume	*Campanula*-Arten	III-IV	SK	Direktsaat möglich	Teilung, Stecklinge
Schaumkraut	*Cardamine*-Arten	III-IV	SK	Selbstaussaat möglich	Teilung, zum Teil auch durch Blattstecklinge
Silberdistel	*Carlina acaulis*	IX-VI	KK	Früh in Töpfe pikieren, Tiefwurzler, Direktsaat	Wurzelschnittlinge
Flockenblume	*Centaurea*-Arten	III-IV	SK	Direktsaat mit 3 – 5 Samen möglich	Teilung, Stecklinge, Wurzel-schnittlinge
Spornblume	*Centranthus ruber*	III-VII	SK		Teilung möglich
Hornkraut	*Cerastium tomentosum*	VI-VII	SK		Teilung, Stecklinge
Margerite	*Chrysanthemum*-Arten	III-VI	SK	Direktsaat in Töpfe möglich	Teilung, Stecklinge
Kratzdistel	*Cirsium*-Arten	II-IV	SK	Wenn nach 2 – 4 Wochen keine Keimung erfolgt, Kühl-periode einschalten	Teilung, Wurzelschnittlinge
Herbstzeitlose	*Colchicum autumnale*		LK	Gleich nach der Samenernte	Teilung alter Horste
Maiglöckchen	*Convallaria majalis*		LK	Gleich nach der Samenernte	Teilung im Sommer
Mädchenauge	*Coreopsis grandiflora*	III-VI	SK	Direktsaat mit 3 – 5 Samen je Topf zu empfehlen	Teilung, grundständige Stecklinge
Lerchensporn	*Corydalis*-Arten	XII-III	LK	Bei den Arten mit krautigen Stengeln nur durch Aussaat, sonst durch Rhizomteilung und Brutknöllchen; Selbstaussaat am Standort zu empfehlen	
Meerkohl	*Crambe*-Arten	Sofort nach der Samenreife		Keimung sehr ungleichmäßig	Wurzelschnittlinge
Alpenveilchen	*Cyclamen*-Arten	Sofort nach der Samenreife			
Zimbelkraut	*Cymbalaria muralis*			Selbstaussaat	
Langes Zypergras	*Cyperus longus*	II-IV	SK	Sofort nach der Samenreife aussäen	Teilung
Stauden-Rittersporn	*Delphinium*-Hybriden	III-VI	SK	Keimtemperatur 22° C	Teilung, grundständige Stecklinge
Sandnelke u.a.	*Dianthus*-Arten	III-VII	SK		Teilung und Sommerstecklinge
Tränendes Herz	*Dicentra spectabilis*	IX-IV		Am besten gleich nach der Samenreife; später als Kaltkeimer behandeln	Teilung, grundständige Stecklinge
Diptam	*Dictamnus albus*	Sofort nach der Samenreife aussäen, sonst Kühl-behandlung			Teilung nur bedingt möglich
Hungerblümchen	*Draba*-Arten	XII-III	SK		Rosettenstecklinge
Purpurrudbeckie	*Echinacea purpurea*	III-VI	SK	März-Aussaaten blühen noch im gleichen Jahr	Teilung, Wurzelschnittlinge
Kugeldistel	*Echinops ritro*	III-IV	SK		Teilung, Wurzelschnittlinge
Weidenröschen	*Epilobium*-Arten	III-IV	SK	Keimung sehr ungleichmäßig	Teilung

Deutscher Name	Botanischer Name	Aussaat-zeit	Keimbe-dingun-gen	Bemerkungen	Andere Vermehrungsmethoden
Steppenkerze	*Eremurus*-Arten	II-III	KK		Teilung älterer Pflanzen (VIII)
Berufkraut	*Erigeron*-Arten	III-IV	SK		Teilung, Stecklinge
Alpenbalsam	*Erinus alpinus*	III-IV	SK	Direktsaat mit 2 – 3 Samen je Topf möglich	Teilung
Wollgräser	*Eriophorum*-Arten	Sofort nach der Samenreife		Aussaat in schlammiger Erde	Teilung
Mannstreu	*Eryngium*-Arten	XI-III		Am besten sofort nach der Samenreife, sonst als Kaltkeimer behandeln	Wurzelschnittlinge
Wasserdost	*Eupatorium*-Arten	II-IV	SK	Zum Teil auch KK	Teilung, Stecklinge
Goldwolfsmilch	*Euphorbia polychroma*	III-V	SK		Teilung, Stecklinge
Mädesüß	*Filipendula vulgaris*	XII-III	KK		Teilung, Stecklinge
Enzian	*Gentiana*-Arten	XII-III	KK	Am besten sofort nach der Samenreife aussäen; Keimung sehr ungleichmäßig	Einige Arten auch durch Teilung und Stecklinge
Storchschnabel	*Geranium*-Arten	II-V	SK	Keimung häufig ungleichmäßig	Teilung, Stecklinge
Nelkenwurz	*Geum*-Arten	III-V	SK	Viele Sorten, die treu aus Samen fallen	
Riesenschleier-kraut	*Gypsophila paniculata*	IV-VII	SK	Direktsaat mit 3 – 5 Samen	Teilung, Stecklinge, Veredlung
Sonnenbraut	*Helenium*-Arten	III-VI	SK	Direktsaat mit 3 – 5 Samen je Topf möglich	Teilung, Stecklinge
Sonnenröschen	*Helianthemum*-Arten	III-V	SK		Stecklinge im Sommer
Sonnenauge	*Heliopsis helianthoides*	III-V	SK		Teilung, Stecklinge
Christrose	*Helleborus niger*	XI-III	KK	Aussaaterde darf niemals trocken werden; auch Selbst-aussaat am Standort	Teilung im Sommer
Taglilien	*Hemerocallis*-Arten	II-V	LK	Keimung sehr ungleichmäßig	Teilung zum Teil schwierig
Leberblümchen	*Hepatica nobilis*	Sofort nach der Samenreife			Teilung der Klumpen
Nachtviole	*Hesperis*-Arten	II-V	SK	Keimung manchmal ungleichmäßig	Teilung, Stecklinge
Purpurglöckchen	*Heuchera sanguinea*	III-IV	SK	Samen sehr fein	Teilung, grundständige Stecklinge
Habichtskraut	*Hieracium*-Arten	XII-V	LK		Teilung, Ausläufer
Funkie	*Hosta*-Arten	XII-III	KK		Teilung
Wasserfeder	*Hottonia palustris*	Sofort nach der Samenreife			Teilung, Stecklinge
Johanniskraut	*Hypericum*-Arten	XII-III	SK	Samen sehr fein	Teilung, Stecklinge
Schleifenblume	*Iberis sempervirens*	III-V	SK		Stecklinge
Freiland-Gloxinie	*Incarvillea*-Arten	III-V	SK	Einzeln pikieren	Teilung schwierig
Alant	*Inula*-Arten	III-V	SK	Keimung sehr ungleichmäßig	Teilung
Schwertlilien	*Iris*-Arten	XII-III	KK		Teilung
Sandglöckchen	*Jasione laevis*	IIII-VII	SK		Teilung, Stecklinge
Fackellilie	*Kniphofia*-Hybriden	III-VII	SK		Teilung
Taubnessel	*Lamium*-Arten	II-V	SK		Teilung, Stecklinge

Stauden

Deutscher Name	Botanischer Name	Aussaatzeit	Keimbedingungen	Bemerkungen	Andere Vermehrungsmethoden
Staudenwicke	*Lathyrus latifolius*	III-VI	SK	Direktsaat mit 3–5 Samen in Einzeltöpfe; ab M.IV auch Aussaat an Ort und Stelle	Teilung
Edelweiß	*Leontopodium alpinum*	XII-III	SK		Teilung
Prachtscharte	*Liatris spicata*	III-IV		Blüte schon im zweiten Jahr	Teilung
Meerlavendel	*Limonium*-Arten	III-IV	SK	Einzeln in Töpfe pikieren, nur Pflanzen mit Topfballen wachsen gut weiter	Teilung schwierig, *L. latifolium* durch Wurzelschnittlinge
Leinkraut	*Linaria*-Arten	III-V	SK	Im Topf anziehen	Teilung, Stecklinge
Lein	*Linum*-Arten	III-V	SK	Im Topf anziehen	Stecklinge
Hornklee	*Lotus*-Arten	II-V	SK	Aussaat an Ort und Stelle möglich, sonst Topfkultur	Teilung
Staudenlupine	*Lupinus*-Hybriden	III-VII	SK	Direktsaat in Töpfe oder an Ort und Stelle	Stecklinge
Lichtnelke	*Lychnis*-Arten	III-V	SK	Direktsaat mit 3–5 Samen je Topf möglich	Teilung, grundständige Stecklinge
Felberich	*Lysimachia*-Arten	III-V	SK		Teilung, Stecklinge
Blutweiderich	*Lythrum salicaria*	III	SK		Stecklinge, Teilung schwierig
Malven	*Malva*-Arten	II-IV	SK	Keimung manchmal ungleichmäßig	
Scheinmohn	*Meconopsis*-Arten	III-V	SK	Auch Selbstaussaat	
Gauklerblume	*Mimulus*-Arten	III-V	SK		Stecklinge
Indianernessel	*Monarda*-Hybriden	IV-VII	SK	Direktsaat mit 3–5 Samen in Einzeltöpfe möglich	Teilung, Stecklinge
Vergißmeinnicht	*Myosotis*-Arten	III-V	SK		Teilung, Stecklinge
Süßdolde	*Myrrhis odorata*	Sofort nach der Samenreife			
Katzenminze	*Nepeta x faassenii*	III-IV	SK		Teilung, Stecklinge
Nachtkerze	*Oenothera*-Arten	III-VI	SK		Teilung, Stecklinge
Gedenkemein	*Omphalodes verna*	III-V	SK		Teilung
Sauerklee	*Oxalis*-Arten	Sofort nach der Samenreife		Selbstaussaat am Standort zu empfehlen	Teilung
Pfingstrose	*Paeonia*-Hybriden	Sofort nach der Samenreife		Kaltkeimer, Samen liegen häufig über	Teilung, *P.-Orientale*-Sorten durch Wurzelschnittlinge
Staudenmohn	*Papaver*-Arten	III-VI	SK	Anzucht am besten in Töpfen	Wurzelschnittlinge
Bartfaden	*Penstemon*-Arten	XII-III			Stecklinge
Brandkraut	*Phlomis*-Arten	II-V	SK	Keimung manchmal sehr ungleichmäßig	Teilung, Stecklinge
Flammenblume	*Phlox*-Arten	IX-X oder I-III	LK	Für 2 Monate kühl stellen; Im Herbst auch Aussaat an Ort und Stelle	Stecklinge, Teilung, *P. paniculata* durch Wurzelschnittlinge
Lampionblume	*Physalis alkekengi*	II-IV	SK	Keimung ungleichmäßig, Kühlbehandlung von Vorteil	Teilung, Ausläufer
Gelenkblume	*Physostegia virginiana*	II-IV	SK	Keimung manchmal sehr ungleichmäßig	Teilung, Stecklinge
Teufelskralle Rapunzel	*Phyteuma*-Arten	II-IV	SK	Wegen der Rübenwurzel stets in Töpfe pikieren	

Deutscher Name	Botanischer Name	Aussaat-zeit	Keimbe-dingun-gen	Bemerkungen	Andere Vermehrungsmethoden
Lampionblume	*Physalis alkekengi*	II-IV	SK	Keimung ungleichmäßig, Kühlbehandlung von Vorteil	Teilung, Ausläufer
Gelenkblume	*Physostegia virginiana*	II-IV	SK	Keimung manchmal sehr ungleichmäßig	Teilung, Stecklinge
Ballonblume	*Platycodon grandiflorus*	IV-VI	SK	Vermehrung durch Samen	
Jakobsleiter	*Polemonium caeruleum*	II-IV	SK	Keimung ungleichmäßig	Teilung, Stecklinge
Salomonssiegel	*Polygonatum*-Arten	XII-II	KK	Samen liegt häufig über, Selbstaussaat am Standort zu empfehlen	Teilung
Wiesenknöterich	*Polygonum bistorta*	II-V	SK		Teilung
Fingerkräuter	*Potentilla*-Arten	III-V	LK	Auch Selbstaussaat	Teilung, Stecklinge
Gartenaurikel Wald-schlüsselblume Kugelprimel Frühlings-schlüsselblume	*Primula auricula Primula elatior Primula denticulata Primula veris*	III-VI	KK	*P. auricula* auch schon im November; Samen nicht mit Erde bedecken	Teilung zum Teil möglich; *P. denticulata* auch durch Wurzelschnittlinge
Braunelle	*Prunella*-Arten	II-IV	SK	Erfolgt nach 2–3 Wochen keine Keimung, dann Kühlbehandlung	Teilung
Lungenkraut	*Pulmonaria officinalis*	II-IV	SK	Auch Selbstaussaat	Teilung im April-Juni
Küchenschelle	*Pulsatilla*-Arten	II-III	KK	Oder sofort nach der Samen-reife aussäen	*P. vulgaris* auch durch Wur-zelschnittlinge
Hahnenfuß	*Ranunculus*-Arten	sofort nach der Samenreife			Teilung
Sonnenhut	*Rudbeckia fulgida*	III-VI	SK		Teilung
Sternmoos	*Sagina subulata*	IV-VI	SK	In Tuffs pikieren	Teilung
Salbei	*Salvia*-Arten	II-VI	SK	Keimung ungleichmäßig	Teilung, Stecklinge
Seifenkraut	*Saponaria*-Arten	IV-VII	SK		Teilung, Stecklinge
Steinbrech	*Saxifraga*-Arten	III-VII	SK	Zum Teil KK	Teilung, Rosettenstecklinge
Skabiose	*Scabiosa*-Arten	II-III	KK		Teilung, Stecklinge
Mauerpfeffer	*Sedum*-Arten	III-V	SK	Direktsaat mit 3–5 Samen möglich	Teilung, Blattstecklinge
Dachwurz	*Sempervivum*-Arten	III-VI	SK		Teilung
Troddelblume	*Soldanella*-Arten	XI-III	KK		Teilung nach der Blüte
Ziest	*Stachys*-Arten	II-IV	SK	Keimung manchmal sehr ungleichmäßig	Teilung
Gamander	*Teucrium*-Arten	II-IV	SK	Keimtemperatur 20 °C	Teilung, Stecklinge
Wiesenraute	*Thalictrum*-Arten	IV-VI	LK		Teilung
Thymian	*Thymus*-Arten	II-IV	SK	Keimtemperatur 20° C	Teilung, Stecklinge
Trollblume	*Trollius europaeus*	sofort nach der Samenreife			Teilung
Königskerze	*Verbascum*-Arten	IV-VI	SK		Nebenrosetten (Teilung), Wurzelschnittlinge
Ehrenpreis	*Veronica*-Arten	III-IV	SK		Teilung, Stecklinge
Hornveilchen	*Viola cornuta*	III-VIII	SK		Stecklinge
Duftveilchen	*Viola odorata*	X-XI	KK		Stecklinge

Zwiebel- und Knollengewächse vermehren

Die Vermehrung der Zwiebel- und Knollengewächse ist sowohl auf generative Art durch Aussaat als auch auf vegetative Art durch Pflanzenteilung, Brutzwiebeln oder Brutknollen möglich. Die Vermehrung durch Aussaat ist sehr langwierig, da das Heranwachsen eines Sämlings je nach Art drei bis sechs Jahre dauern kann.

Die Aussaat der Samen erfolgt am besten unmittelbar nach der Samenreife auf Anzuchtbeeten im Freien oder in Töpfen oder anderen Gefäßen, die im Freien aufgestellt werden. Winterfeuchtigkeit und niedrige Temperaturen fördern bei den meisten Arten die Keimung. Der Hobbygärtner wendet in der Regel die vegetativen Vermehrungsmethoden an, wobei zu beachten ist, daß der Ertrag oder die Menge von Art zu Art oder auch von Sorte zu Sorte sehr stark schwanken kann. So setzen Hyazinthen auf natürlichem Wege nur wenig, manchmal überhaupt keine Brut an.

Gleich dem Erdstamm oder Rhizom der Stauden sind Knollen und Zwiebeln Speicher- und Schutzeinrichtungen, welche es den Pflanzen ermöglichen, ungünstige Zeiten zu überstehen. Während die Zwiebeln eine meist ebenmäßige Form haben, kann man dies von Knollen nicht gerade sagen. Die Form schwankt stark und ist für die jeweilige Art typisch. Neben der Vermehrung durch Brutknollen lassen sich viele Knollengewächse auch noch durch Teilung vermehren. Die einzelnen Teilstücke müssen allerdings ein intaktes »Auge« besitzen. Je mehr Triebaugen ein Teilstück hat, desto sicherer ist der Erfolg. Brutknollen und Brutzwiebeln müssen zur Vermehrung aus der Erde genommen, geputzt und neu gepflanzt werden. In der Erde belassen entwickeln sie sich zumeist un-

befriedigend, weil sie in direkte Konkurrenz zur Mutterpflanze treten. Bei Tulpen z. B. entwickeln sich nach dem Abblühen neben einer größeren Ersatzzwiebel, die die nächste Blüte erbringt, eine oder mehrere kleinere Brutzwiebeln. Während diese Ersatzzwiebel, erkenntlich an der Größe, im nächsten Jahr wieder blühen wird, benötigen Brutzwiebeln ein bis zwei weitere Jahre, um die nötige Größe und Blühfähigkeit zu erlangen. Sie brauchen hierfür ausreichenden Standraum und gute Ernährung. Wie viele Jahre die einzelnen Arten an ihrem Platz bleiben können, ist verschieden. Viele Arten bringen alljährlich neue Zwiebeln hervor, wenn sie günstig stehen sogar mehrere, aus welchen im übernächsten Jahr nochmals die drei- oder vierfache Menge wird. Bei anderen Arten verläuft die vegetative Selbstvermehrung langsamer. Nach vier bis sechs Jahren jedoch wird es für die allermeisten Arten Zeit, sie auszugraben, Mutter- und Brutzwiebeln zu trennen, diese nach der Größe zu sortieren und die Zwiebeln neu zu legen.

Durch Anschneiden des Zwiebelbodens wird bei Hyazinthen die Brutzwiebelbildung gefördert.

Die vergilbenden und absterbenden Blätter sehen nicht schön aus, und manchen Blumenfreund stören sie. Aber es ist Sache der Zwiebeln und Knollen selbst, sich ihres Laubes zu entledigen. Alles muß darauf ausgerichtet sein, die Blätter im grünen Zustand nicht zu beschädigen oder wegzuschneiden, damit die darin enthaltenen Kräfte und Nährstoffe in die Zwiebel einziehen und bis nächstes Jahr gespeichert werden können.

Brutzwiebelbildung bei Narzissen (links und Mitte) sowie Brutknollenbildung bei Gladiole (rechts).

Sobald das Laub vergilbt und abgestorben ist, also wenn die Arten in ihre Ruhezeit eintreten, ist der beste Zeitpunkt für das Ausgraben der Zwiebeln und Knollen gekommen, um sie zu vermehren. Später könnten sie schon anfangen, neue Wurzeln zu bilden, und wenn man sie dann stört, sind Schäden die Folge. Günstig ist es, während der Blüte Zeichen in den Boden zu stecken und vielleicht sogar eine kleine Skizze anzufertigen, so daß man genau weiß, wo die verschiedenen Arten und Sorten stehen. Man gräbt sie, sobald die Zeit gekommen ist, Stich für Stich aus und legt sie zunächst in Körbe oder Handkästen. Es braucht nicht betont zu werden, daß Vorsicht nötig ist, sonst zersticht man zu viele Zwiebeln oder Knollen. Beschädigte werfe man sofort weg, sie lassen sich nicht weiter verwenden. Anschließend werden sie in einem luftigen Schuppen zum Trocknen ausgelegt. Arten, die rasch welken, sind sofort mit Torfmull abzudecken oder in Sand zu betten. Dies ist bei sämtlichen Lilien nötig, ferner bei der Kaiserkrone und sämtlichen Schneeglöckchen-Arten. Sobald die an Knollen und Zwiebeln anhaftende Erde trocken ist und abfällt, kann man ans Sortieren und Putzen gehen. Man schneidet oben Reste des Laubes oder der Blütenstengel

fort sowie unten die alten Wurzeln. Im Laufe des Septembers – bei den sehr früh oder spät blühenden Arten schon in der zweiten Augusthälfte – wird dann wieder gelegt. Dabei gehört die Miniaturbrut nicht nicht in den Garten an Ort und Stelle, sondern man bringt sie auf spezielle Anzuchtbeete.

Vermehrung der einzelnen Arten

Alpenveilchen (*Cyclamen*) Sämtliche Cyclamen-Arten lassen sich nur durch Aussaat vermehren.

Anemonen, Windröschen
(*Anemone*)
Vermehrung durch Teilung der Horste oder durch Abbrechen der Wurzelknöllchen.

Blaustern (*Scilla*) Vermehrung einfach durch Brutzwiebeln, die sich reichlich um die Mutterzwiebel bilden.

Dahlie (*Dahlia*) Vermehrung durch vorsichtiges Teilen der Wurzelknollen im Frühjahr. Dabei ist darauf zu achten, daß jedes Knollenstück einen Stengel mit einem Auge besitzt. Im Frühjahr nach dem Austrieb ist auch eine Vermehrung durch Stecklinge möglich.

Gladiole (*Gladiolus*) Anfang Oktober, wenn das Laub langsam vergilbt, werden die Knollen aus dem Boden genommen und die Stiele kurz über der Zwiebel abgeschnitten. Man läßt sie gut trocknen und entfernt danach Wurzeln und alle anhaftende Erde. Die an der Basis gewachsenen Brutknöllchen löst man vorsichtig ab und bewahrt sie bis zum Frühjahr wie die alten Zwiebelknollen auf, um sie dann auf Anzuchtbeete zu legen. Sie kommen nach etwa drei Jahren zur Blüte.

Herbstzeitlose (*Colchicum*) Vermehrung durch Brutknöllchen im Frühsommer, wenn das Laub verwelkt ist. Dazu werden die Knollen ausgegraben und die Brutknöllchen, die sich an der Mutterknolle entwickelt haben, vorsichtig entfernt. Damit man genügend abnehmen kann, müssen die Mutterbestände drei bis fünf Jahre alt sein.

Hundszahn (*Erythronium*) Vermehrung durch Teilung der Brutknollen im August-September. Die Knollen sind sehr zerbrechlich; deshalb muß das Ausgraben sehr sorgfältig geschehen. Nach dem Teilen ist sofort wieder zu pflanzen.

Hyazinthen (*Hyacinthus*) Hyazinthenzwiebeln dauern aus und können sehr alt werden. Brutzwiebeln werden auf natürlichem Wege nur wenig oder gar nicht ausgebildet. Durch Schneiden des Zwiebelbodens läßt sich aber eine Brutzwiebelbildung künstlich anregen. Dazu werden auf dem Boden ausreichend großer und völlig gesunder Zwiebeln mit einem Messer über Kreuz drei bis vier Diagonalschnitte eingefügt, so daß ein Sternmuster entsteht. Es entstehen Wunden im Zwiebelboden, und an einigen Stellen werden daraufhin eine Anzahl von Brutzwiebeln gebildet. Richtig geschnittene Zwiebeln setzen sortenunterschiedlich 15 – 20 Brutzwiebeln an. Die geschnittenen Zwiebeln werden mit dem Boden nach oben am besten auf Maschengeflecht gelegt und in einem dunklen Raum bei 20 – 25 °C bis zur Pflanzung gelagert. Hohe Luftfeuchtigkeit bei guter Luftzufuhr ist dabei sehr dienlich. Die mit Brut besetzten Mutterzwiebeln werden etwa in der zweiten Oktoberhälfte ausgepflanzt. Sowohl beim Transport als auch beim Aussetzen ist größte Behutsamkeit nötig, damit keine Zwiebelchen abbrechen.

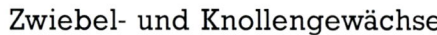

Lilien lassen sich durch Zwiebelschuppen vermehren.

Knotenblume (*Leucojum*) Vermehrung durch Teilung der Zwiebelklumpen, durch Abtrennen von Brutzwiebeln oder auch leicht durch Samen.

Krokus (*Crocus*) Vermehrung durch Brutknöllchen. In der Regel sitzen sie oben auf, nur vereinzelt findet sich auch an der Basis Brut. Rodezeit ist Juni.

Lilien (*Lilium*) Die Vermehrung bei Lilien ist je nach Art möglich durch Samen oder verschiedene vegetative Organe.
Brutzwiebeln gräbt man im Frühherbst aus und läßt sie in Töpfen oder Kisten in einem Sand-Torf-Gemisch in einem kühlen und frostfreien, dunklen Raum überwintern. Im Frühjahr werden sie dann an Ort und Stelle oder in spezielle Anzuchtbeete gepflanzt.
Blattachselbrut sammelt man nach der Reife im Sommer oder Spätsommer und behandelt sie wie die Brutzwiebeln.
Zwiebelschuppen nimmt man im Frühjahr von großen, gesunden Zwiebeln ab. Die Schuppen, an denen noch ein Stück des Zwiebelbodens haften muß, werden bis zur Hälfte in ein Anzuchtsubstrat in Kästen oder Töpfe gesetzt und bei etwa 15–20 °C aufgestellt. Je nach Sorte bilden sich innerhalb von Wochen oder Monaten an den Bruchstellen kleine Brutzwiebeln, die je nach Größe der Schuppen in einigen Monaten von Erbsen- bis Haselnußgröße heranwachsen können.
Sollen die Brutzwiebeln im Frühjahr (März-April) ins Freie, in Kästen oder in Töpfe gepflanzt werden, so ist es notwendig, sie durch eine eingeschobene Kältebehandlung zum Blattaustrieb anzuregen. Dazu stellt man die Gefäße etwa zwei bis drei Monate in einen kühlen Keller oder in einen Kühlschrank bei 2 bis

Narzisse und Traubenhyazinthe sind leicht durch Brutzwiebeln zu vermehren.

8 °C. Diese Kältebehandlung ist auch für abgetrennte Achselbulben erforderlich. Solche Pflanzen blühen nach zwei bis drei Jahren.
Länger dauert die Entwicklung aus Samen gezogener Lilien. Sie benötigen vier bis fünf Jahre, um zur Blüte zu gelangen.

Montbretie (*Crocosmia*) Vermehrung durch Brutknöllchen, die sich bei alten Knollen an Ausläufern bilden und in dichten Nestern zusammensitzen. Sie werden im Oktober abgetrennt und sofort wieder gepflanzt.

Narzisse (*Narcissus*) Vermehrung durch Brutzwiebeln. Sie sollten beim Roden fast von alleine abfallen. Man darf sie nicht abbrechen oder gar abschneiden. Ebenso wenig sollte man Doppelnasen zertrennen.

Ranunkel (*Ranunculus*) Vermehrung erfolgt durch Brutknöllchen, die sich oberhalb der alten Knolle

bilden und nach Absterben der Blätter abgetrennt und bis zum Einpflanzen im Herbst bei 20 °C oder bis zum Frühling trocken und frostfrei gelagert werden. Päonienblütige Ranunkeln lassen sich nur durch Samen vermehren.

Schachbrettblume (*Fritillaria*) Vermehrung durch Brutzwiebeln, die unmittelbar nach der Abtrennung wieder eingepflanzt werden sollten.

Schneeglöckchen (*Galanthus*) Vermehrung durch Teilung der Zwiebelklumpen im Frühjahr nach dem Abblühen. Die Zwiebeln sollten dann sofort wieder in die Erde gesetzt werden, damit sie nicht austrocknen können.

Steppenkerze (*Eremurus*) Vermehrung durch vorsichtiges Teilen des knolligen, polypenförmigen Gebildes, das aus einem stark gestauchten Sproß (Rhizom) mit verdickten, basalen Blattabschnitten und dickfleischigen Speicherwurzeln besteht, im August-September.

Tigerblume (*Tigrida*) Vermehrung durch Brutzwiebeln, die beim Roden Anfang Oktober reichlich anfallen.

Traubenhyazinthe (*Muscari*) Vermehrung durch Teilung der Zwiebelklumpen oder Samen.

Tulpe (*Tulipa*) Eine Vermehrung der Tulpen ist Mitte des Sommers nach dem Welken des Laubes aus kleinen Brutzwiebeln möglich.

Winterling (*Eranthis*) Vermehrung durch Teilung größerer Rhizome unmittelbar nach der Blüte in Abständen von zwei bis drei Jahren. Die Erde sollte nicht entfernt werden, um die Wurzeln nicht zu beschädigen. Sie lassen sich auch mühelos durch Samen ziehen.

Gehölze
vermehren

Gehölze aus Samen vermehren

Die Vermehrung der Gehölze aus Samen ist nicht immer ganz einfach, da bei vielen Arten nach der Samenbildung eine mehr oder weniger lange Keimruhe herrscht. Man sagt, die Samen »liegen über«. Ursache kann zum Beispiel sein, daß das Fruchtfleisch oder die Samenschale keimungshemmende Stoffe enthält. Solche Samen werden erst keimfähig, nachdem die Hemmstoffe abgebaut oder zumindest in ihrer Wirkung neutralisiert worden sind. So werden Apfelsamen, in deren Schalen solche Hemmstoffe sitzen, erst nach einer etwa neunzig Tage währenden Nachreife keimfähig. Durch Abfaulen, mechanische Verletzungen oder künstliche Entfernung der entsprechenden Gewebe kann die Keimfähigkeit früher erreicht werden.

Gleiches gilt für die Fälle, in denen die Früchte keimungshemmende Stoffe enthalten (z. B. Hagebutten, Cotoneaster, Kirsche). Sie verhindern, daß bei den keimungsfördernden Temperatur- und Feuchtigkeitsverhältnissen, die innerhalb des wasserreichen Fruchtfleisches herrschen, eine vorzeitige Keimung erfolgt. In der Natur keimen die Samen erst, wenn sich das Fruchtfleisch von den Samen gelöst hat. Das geschieht durch Verrotten am Boden oder durch Vögel, die ganze Früchte fressen und die Samen unverdaut wieder ausscheiden. Diese Form der Keimruhe kann man auf einfache Art und Weise brechen: Die Früchte werden in Gefäßen aus Kunststoff, Porzellan oder Steingut zerrieben oder zerstampft, anschließend mit einer geringen Menge Wasser übergossen. Nun läßt man das Ganze leicht rotten und angären; das Fruchtfleisch wird dabei mürbe und kann in einem feinmaschigen Siebgewebe schon bald unter fließendem Wasser ausgewaschen werden. Die auf dem Sieb zurückbleibende Masse wird von dem überschüssigen Wasser befreit, indem man sie in ein Säckchen steckt und von Hand ausdrückt. Anschließend wird sie auf Papierunterlagen an der Sonne oder unter künstlicher Wärmezufuhr getrocknet (siehe auch Seite 11).

Andere Gehölzsamen keimen nur dann, wenn sie in angequollenem Zustand längere Zeit niedrigen Temperaturen ausgesetzt waren. Die Keimung der Samen beginnt unmittelbar nach dem Ende einer solchen Kühlbehandlung. Diese Technik wird schon seit langem in der gärtnerischen Praxis gehandhabt und als **Stratifikation** bezeichnet. Um die Keimruhe zu brechen sind im allgemeinen Temperaturen zwischen 0 und + 10 °C optimal. Es ist nicht richtig und würde zu falschen Maßnahmen verleiten, die Samen dem Frost auszusetzen und diese Pflanzenarten als Frostkeimer zu bezeichnen, obwohl dies immer wieder geschieht. Denn Temperaturen unter dem Gefrierpunkt sind überhaupt nicht oder nur wenig wirksam. Dies ist eigentlich verständlich, denn zur Weiterentwicklung benötigt die Keimlingsanlage Feuchtigkeit, und die ist bei Frost nicht verfügbar. Die Dauer, in der die Samen niederen Temperaturen ausgesetzt sein müssen, ist bei den einzelnen Gehölzen verschieden und schwankt zwischen wenigen Tagen und einigen Monaten. Samen, die zur Überwindung der Keimruhe niedrige Temperaturen benötigen, sät man am besten im Spätherbst aus, entweder direkt ins freie Land oder in Gefäße. So werden die Samen einer natürlichen Kältebehandlung ausgesetzt. Wenn man erst im Frühjahr aussäen will oder bestimmtes Saatgut erst im Laufe des Winters erhält, führt man die Kältebehandlung künstlich durch. Dazu wird das Saatgut im Verhältnis 1:1 mit feuchtem Sand vermischt, in Ton- oder Kunststofftöpfe gefüllt und bei Temperaturen zwischen 2 und 8 °C im Kühlschrank gelagert, bis die Nachreife abgeschlossen ist (wenn die Keim-

Einjährige Sämlinge von Laubgehölzen. Von links nach rechts: Hainbuche, Eßkastanie, Amerikanische Roteiche, Spitzahorn.

wurzel durch die Samenschale dringt) oder die Samen keimen. Das Saatgut muß während der Stratifikation ständig kontrolliert werden. Insbesondere darf das Gemisch nicht austrocknen; gegebenenfalls ist anzufeuchten. Zeigen sich die ersten Wurzelspitzen, ist sofort auszusäen. Wartet man mit der Aussaat zu lange, bekommen die Keimlinge krumme Wurzelhälse, und die Jungpflanzen haben Schwierigkeiten, normal aufzuwachsen. Dabei ist es sinnvoll, zusammen mit dem Stratifiziersubstrat auszusäen. Andernfalls müssen die Samen ausgesiebt werden. Bei kleineren Samenmengen empfiehlt es sich, direkt in Töpfe oder Kisten auszusäen und diese bis zur Keimung im Kühlschrank aufzustellen.

Zum Stratifizieren muß der Samen mit dem Sand innig vermischt werden.

> Unter *Stratifizieren* (stratum = Schicht, lat.) wurde ursprünglich das schichtweise Zusammenfügen von Saatgut und feuchtem Sand verstanden. Man sprach auch von »Einschichten« oder »Einsanden«. Es hat sich aber gezeigt, daß die gleichmäßigsten Keimergebnisse bei inniger Vermischung von Saatgut und Substrat erzielt werden. Der Begriff »stratifizieren« hat sich jedoch in der gärtnerischen Fachsprache so stark eingebürgert, daß es zweckmäßig ist, ihn beizubehalten.

Der Aussaatzeitpunkt richtet sich in erster Linie nach dem Verhalten der Samen. Solche, die einer Kühlbehandlung bedürfen, werden am besten gleich nach der Samenreife im Herbst ausgesät. Gehölze, deren Früchte bereits im Frühjahr reifen, wie Weide und Pappel, sind unmittelbar nach der Reife auszusäen, da sie in der Regel nur wenige Tage keimfähig sind. Nadelgehölze werden erst im Frühjahr ausgesät.

Die Aussaat kann je nach Pflanzenart ins freie Land erfolgen, in den Garten oder in Aussaatgefäße, die im Freiland oder unter Glas aufgestellt werden. Die Aussaat ins freie Land ist vor allem bei größeren Samenmengen und robusten Gehölzen von Bedeutung. Bei kleineren Samenmengen ist eine Aussaat in entsprechende Aussaatgefäße zu empfehlen, weil man sie hier besser unter Kontrolle hat. Die Aussaat unter Glas, also im Kleingewächshaus, im Wintergarten, am Zimmerfenster oder im Frühbeet, hat insbesondere Bedeutung für Feinsaaten, die im Freiland wegen der unkontrollierten Behandlung und der Witterungsbedingungen unregelmäßige Keimergebnisse bringen würden. Weiterhin empfiehlt sie sich für frostempfindliche Saaten und für Arten, die sehr zeitig ausgesät werden müssen, weil ihre Keimkraft schnell nachläßt.

Für die Aussaat im Freiland bedarf der Boden einer besonders sorgfältigen Vorbereitung. Als Vorfrucht wären zum Beispiel Kartoffeln sehr gut geeignet, da sie einen guten Bodenzustand hinterlassen und so zeitig geräumt werden können, daß früh im Herbst umgegraben werden kann. Dabei sollten keine langsam verrottenden organischen Rückstände in den Boden eingearbeitet werden. Direkt vor der Aussaat ist der Boden mit dem Kultivator in einen feinkrümeligen Zustand zu versetzen. Gegebenenfalls ist etwas Kompost einzuarbeiten, bei schwerem Boden gewaschener Sand.

Ausgesät wird breitwürfig oder in Reihen. Breitwürfige Aussaat ist aufgrund der erschwerten Bodenbearbeitung nur bei feinsamigen Arten wie Birke, Erle und Lebensbaum *(Thuja)* angebracht. Reihensaat ist bei jedem größeren, grobkörnigen Saatgut üblich. Zwischen den Reihen ist eine gute Bodenbearbeitung möglich, was sich vorteilhaft auf die Entwicklung der Jungpflanzen auswirkt. Die Reihenabstände sind je nach Wüchsigkeit der jeweiligen Pflanzenart einzuhalten.

Die Aussaattiefe richtet sich nach dem jeweiligen Keimverhalten und den Bodenbedingungen. Als Regel gilt: Doppelt so tief aussäen, wie der Samen dick ist. Allerdings müssen häufig besonders feinkörnige Samen wie von Holunder, Berberitze, Maulbeerbaum oder Rosen etwas tiefer gesät werden, um sie vor dem Austrocknen oder Verwehen zu schützen. Im allgemeinen liegt hier die Aussaattiefe zwischen 2 und 4 cm. Dasselbe gilt für Kirsche und Hartriegel.

Für die Aussaat unter Glas gilt, daß die Saatgefäße nach der Keimung am hellsten Platz stehen sollten. Denn für die Sämlinge ist ausreichendes Licht entscheidend für eine gute Entwicklung. Auch für viel frische Luft ist zu sorgen. Denn man darf nicht vergessen, daß es sich um Freilandpflanzen handelt, die keinesfalls verweichlicht werden dürfen.

Mit der Unkrautbekämpfung muß zeitig genug begonnen werden, spätestens im Keimblattstadium der Unkräuter, damit die Sämlinge zügig heranwachsen können und nicht unterdrückt werden. Auf Saatbeeten bzw. in Aussaatgefäßen, die im Freien stehen, sind einige spezielle Pflanzenschutzmaßnahmen erforderlich. Ärgste Feinde der frischen Aussaaten sind Vögel und Nagetiere. Feinkörnige Samen, z. B. Rosen, Felsenbirne und Eibe, werden vor allem von Grünfinken und Sperlingen heimgesucht. Walnuß und Haselnuß werden besonders von Krähen und Elstern beschädigt. Auf das Auftreten von Umfallkrankheiten ist besonders zu achten: Am Wurzelhals und am Stengel bilden sich unmittelbar nach dem Auflaufen dunkle, eingesunkene Partien, hervorgerufen durch verschiedene Erreger. Die befallenen Pflanzen sterben ab. Schattiger und feuchter Stand begünstigen das Auftreten. Im Fachhandel kann man sich notfalls erkundigen, welche Pflanzenschutzmittel hierfür zugelassen sind. Das erste Pikieren bzw. Verpflan-

zen (bei Gehölzen spricht man von Verschulen) ist dann angebracht, wenn eine entsprechende Größe erreicht ist, der Bestand zu dicht steht oder eine bessere Wurzelverzweigung und gedrungener Wuchs erreicht werden sollen. Bei Aussaaten ins freie Land kann man z. B. die Sämlinge von Pfaffenhütchen, Berberitze, Felsenbirne, Flieder, Schneeball und den meisten Nadelgehölzen stehenlassen. Alle laubabwerfenden Arten dagegen werden in der Regel mit beginnendem Laubfall, etwa ab Ende Oktober, aus dem Boden genommen (gerodet) und verschult. Fichten-Arten und Lebensbaum (Thuja) können sorgfältig zur sofortigen Pflanzung bis Anfang September gerodet werden. Kiefer, Tanne, Eibe und Douglasie werden besser nur im

Frühjahr verpflanzt. Lärchen sind sehr empfindlich gegen Verpflanzen im angetriebenen Zustand. Hier ist ein Verpflanzen im Herbst oder eine rechtzeitige Frühjahrspflanzung zu empfehlen.

Bei der Aussaat in Gefäßen empfiehlt es sich, die Sämlinge bereits zeitig nach Ausbildung des ersten Blattpaares über den Keimblättern zu pikieren. Ob in den Garten auf entsprechend vorbereitete Beete oder nochmals in Kisten oder Töpfe, hängt von den Arten, den örtlichen Gegebenheiten und vom späteren Verwendungszweck ab.

Junge Fichten-Sämlinge kurz nach der Keimung. Die Samen wurden mit Sand abgedeckt, um den mehrkeimblättrigen Keimlingen das Durchstoßen der Erdoberfläche zu erleichtern.

Samenernte- und Aussaattabelle für Gehölze

Deutscher Name	Botanischer Name	Ernte-zeit	Aussaat-zeit	Keimung im Monat	Bemerkungen
Laubgehölze Roßkastanie	*Aesculus hippocastanum*	IX-X	X-XI	IV	Aussaatgefäße vor Frost schützen
Ahorn	*Acer*-Arten	IX-XII	IX-XII	IV-V	*A. campestre* liegt häufig über
Scharzerle	*Alnus glutinosa*	X-XII	III-IV	IV-V	Samen bis zur Aussaat trocken lagern
Grauerle, Weißerle	*Alnus incana*	X-XII	III-IV	IV-V	Samen bis zur Aussaat trocken lagern
Felsenbirne	*Amelanchier*-Arten	VII-VIII	IX-X	IV	Zur Brechung der Keimruhe ist eine Kühlbe-handlung von 4 – 5 Monaten erforderlich
Blut-Berberitze	*Berberis thunbergii*	X-XII	X-XII	V	Zur Überwindung der Keimruhe ist eine Kühl-behandlung von 5 Monaten erforderlich
Zuckerbirke	*Betula lenta*	VIII-XI	III-IV	IV-V	Samen bis zur Aussaat trocken lagern
Sandbirke	*Betula verrucosa*	VI	III-IV	IV-V	Samen bis zur Aussaat trocken lagern
Moorbirke	*Betula pubescens*	VII	III-IV	IV-V	Samen bis zur Aussaat trocken lagern
Besenheide, Heidekraut	*Calluna vulgaris*	VIII-IX	VIII-IX	III-IV	Aussaat im Herbst gleich nach der Ernte
Hainbuche	*Carpinus betulus*	X-XII	X-XII	V	Zur Überwindung der Keimruhe ist eine Kühl-behandlung von 4 – 6 Monaten erforderlich
Eßkastanie	*Castanea sativa*	X-XI	XI	IV	Aussaatgefäße den Winter über feucht und kühl aufstellen; keinem Frost aussetzen
Japanische Zierquitte	*Choenomeles japonica*	X-XII	X	IV	Zur Überwindung der Keimruhe ist eine Kühl-behandlung von 2 – 3 Monaten erforderlich
Zierquitte	*Choenomeles speciosa*	X-XII	X	IV	Zur Überwindung der Keimruhe ist eine Kühl-behandlung von 2 – 3 Monaten erforderlich
Waldrebe	*Clematis*-Arten	X-XII	III-IV	IV-V	Samen bis zur Aussaat trocken lagern
Hartriegel	*Cornus alba*	IX-XI	IX-XI	V-VI	Zur Überwindung der Keimruhe ist eine Kühl-behandlung von 4 – 6 Monaten erforderlich; keimt sehr unregelmäßig.
Kornelkirsche	*Cornus mas*	IX-XII	X-XI	V-VI	Zur Brechung der Keimruhe ist eine Kühlbe-handlung von 4 – 6 Monaten erforderlich
Haselnuß	*Corylus avellana*	VIII-X	X-XI	V-VI	Zur Überwindung der Keimruhe ist eine Kühl-behandlung von 5 – 7 Monaten erforderlich
Baumhasel	*Corylus colurna*	VIII-X	X-XI	V-VI	Zur Überwindung der Keimruhe ist eine Kühl-behandlung von 5 – 7 Monaten erforderlich
Zwergmispel	*Cotoneaster*-Arten	VIII-X	X	IV-V	Der Samen liegt bis zur Keimung nicht selten 18 Monate über
Weißdorn, Rotdorn	*Crataegus*-Arten	IX-XI	X-XI	V-VI	Zur Überwindung der Keimruhe ist eine Kühl-behandlung von 4 – 6 Monaten erforderlich
Geißklee	*Cytisus*-Arten	VIII-IX	V	VI-VII	Samen bis zur Aussaat trocken lagern, Samen-schalen aufrauhen
Seidelbast	*Daphne mezereum*	VII	VIII	IV-V	Samen liegt bis zur Keimung bis zu 20 Monate über
Spindelstrauch, Pfaffenhütchen	*Euonymus*-Arten	IX-X	X-XI	IV-V	Zur Überwindung der Keimruhe ist eine Kühl-behandlung von 2 – 4 Monaten erforderlich
Buche	*Fagus sylvatica*	X	IV	V-VI	Gleich nach der Ernte aussäen und den Winter über feucht und kühl aufbewahren. Kurzes einfrieren fördert die Keimung
Esche	*Fraxinus*-Arten	X-XI	X-XI	IV-V	Zur Überwindung der Keimruhe ist eine Kühl-behandlung von 2 – 6 Monaten erforderlich
Ginster	*Genista*-Arten	X-XI	V	VI-VII	Samen bis zur Aussaat trocken lagern; Keimung sehr unregelmäßig

Deutscher Name	Botanischer Name	Erntezeit	Aussaatzeit	Keimung im Monat	Bemerkungen
Zaubernuß	*Hamamelis*-Arten	IX-XI		IV-V	Samen etwa 18 Monate einer Kühlbehandlung unterziehen, dann zur Keimung unter Glas aufstellen
Sanddorn	*Hippophaë rhamnoides*	VIII-IX	X	IV-V	Zur Überwindung der Keimruhe ist eine Kühlbehandlung von 3 – 4 Monaten erforderlich; Keimung sehr unregelmäßig
Stechpalme	*Ilex aquifolium*	XI	XI	V-VI	Die Keimung erfolgt in der Regel erst nach 1 – 2 Jahren
Walnußbaum	*Juglans regia*	X	XI	IV-V	Zur Überwindung der Keimruhe ist eine Kühlbehandlung von 5 – 6 Monaten erforderlich
Goldregen	*Laburnum anagyroides*	X-XII	V	VI-VII	Samen bis zur Aussaat trocken lagern
Liguster	*Ligustrum vulgare*	X-XII	X-XII	IV-VI	Zur Überwindung der Keimruhe ist eine Kühlbehandlung von 2 – 3 Monaten erforderlich
Tulpenbaum	*Liriodendron tulipifera*	X-XI	X-XI	IV-V	Zur Überwindung der Keimruhe ist eine Kühlbehandlung von 5 – 6 Monaten erforderlich
Geißblatt	*Lonicera*-Arten	X-XII	X-XII	III-V	Zur Überwindung der Keimruhe ist eine Kühlbehandlung von 4 – 5 Monaten erforderlich
Magnolie	*Magnolia*-Arten	X-XI	X-XI	IV-V	Zur Überwindung der Keimruhe ist eine Kühlbehandlung von 5 – 6 Monaten erforderlich
Mahonie	*Mahonia aquifolia*	VII-VIII	VIII	IV-V	Zur Überwindung der Keimruhe ist eine Kühlbehandlung bis zu 10 Monaten erforderlich
Apfel	*Malus*-Arten	X-XII	X-XII	V-VI	Zur Überwindung der Keimruhe ist eine Kühlbehandlung von 4 – 5 Monaten erforderlich
Platane	*Platanus*-Arten	II-III	III-IV	V-VI	Zur Überwindung der Keimruhe ist eine Kühlbehandlung von 2 – 3 Monaten erforderlich
Pappel	*Populus*-Arten	V-VI	V-VI	VI-VII	Aussaat sorfort nach der Ernte
Kirsche, Mandel	*Prunus*-Arten	VI-VIII	X	IV-V	Zur Überwindung der Keimruhe ist eine Kühlbehandlung von 3 – 5 Monaten erforderlich
Eiche	*Quercus*-Arten	X-XI	IV oder XI	V-VI	Aussaat am besten gleich nach der Ernte; die Samen sind äußerst empfindlich gegen Austrocknen
Rhododendron	*Rhododendron*-Arten	IX-XI	III-IV	IV-V	Samen den Winter über trocken lagern
Essigbaum	*Rhus typhina*	X-I	III-IV		Samen den Winter über trocken lagern
Rose	*Rosa*-Arten	VIII-XI	VIII-XII	IV-V	Zur Überwindung der Keimruhe ist eine Kühlbehandlung von 4 – 6 Monaten erforderlich, zum Teil liegt der Samen 18 Monate über
Holunder	*Sambucus nigra*	IX-X	X-XI	IV-V	Zur Überwindung der Keimruhe ist eine Kühlbehandlung von 5 – 6 Monaten erforderlich
Eberesche	*Sorbus*-Arten	IX-X	X-XI	IV-V	Zur Überwindung der Keimruhe ist eine Kühlbehandlung von 4 – 6 Monaten erforderlich
Flieder	*Syringa*-Arten	XI-II	I-III	IV-V	Zur Überwindung der Keimruhe ist eine Kühlbehandlung von 2 – 3 Monaten erforderlich
Linde	*Tilia*-Arten	X-XI	XI-XII	IV-VI	Zur Überwindung der Keimruhe ist eine Kühlbehandlung von 5 – 6 Monaten erforderlich
Ulme	*Ulmus*-Arten	V-VI	V-VI		Nach der Ernte sofort aussäen
Schneeball	*Viburnum*-Arten	IX-XII	XI-XII	V-VIII	Zur Überwindung der Keimruhe ist eine Kühlbehandlung von 3 – 5 Monaten erforderlich
Glyzine	*Wisteria*-Arten	XI-XII	III-IV	V-VI	Samen bis zur Aussaat trocken lagern

Deutscher Name	Botanischer Name	Ernte-zeit	Aussaat-zeit	Keimung im Monat	Bemerkungen
Nadelgehölze Tanne	*Abies*-Arten	IX-X	V	V-VI	Samen bis zur Aussaat trocken lagern, Herbstaussaat möglich
Araucarie	*Araucaria araucana*		IV-V		Samen mit der Spitze nach unten stecken
Zeder	*Cedrus*-Arten	II-VI	V	V-VI	Samen bis zur Ernte trocken lagern
Scheinzypresse	*Chamaecyparis*-Arten		IV-V	V-VI	Samen trocken lagern. Bei *C. nootkatensis* ist eine Kühlbehandlung von bis zu 12 Monaten erforderlich
Ginkgo, Silberaprikose	*Ginkgo biloba*	X-XII	XI-XII		Zur Überwindung der Keimruhe ist eine Kühlbehandlung von bis zu 18 Monaten erforderlich
Wacholder	*Juniperus*-Arten	VIII-XII	VIII-XII	IV-V	Zur Überwindung der Keimruhe ist eine Kühlbehandlung von 6 – 18 Monaten erforderlich
Europäische Lärche	*Larix decidua*	X-IV	IV-V	V-VI	Zu empfehlen ist eine Kühlbehandlung von 1 Monat
Japanische Lärche	*Larix kaempferi*	X-XII			
Urweltmammutbaum	*Metasequoia glyptostroboides*		II-III	III-IV	Samen bis zur Aussaat trocken lagern
Fichte	*Picea*-Arten	XI-II	III-IV	IV-V	Vor der Aussaat ist eine Kühlbehandlung von 1 Monat zu empfehlen
Kiefer	*Pinus*-Arten	IX-XII	III-IV	IV-V	Vor der Aussaat ist eine Kühlbehandlung von 1 – 3 Monaten zu empfehlen
Goldlärche	*Pseudolarix kaempferi*	III-IV			Samen bis zur Aussaat trocken lagern, Aussaat unter Glas
Douglasie	*Pseudotsuga menziesii*	VIII-IX	XI	IV	Zur Überwindung der Keimruhe ist eine längere Kühlbehandlung erforderlich
Mammutbaum	*Sequoia sempervirens*	X-XI	XI	IV-V	Zur Überwindung der Keimruhe ist eine Kühlbehandlung von 3 – 4 Monaten erforderlich
Mammutbaum	*Sequoiadendron giganteum*		IV	IV-V	Samen bis zur Aussaat trocken lagern
Sumpfzypresse	*Taxodium distichum*	X-XI	III-IV	IV	Zur Überwindung der Keimruhe ist eine Kühlbehandlung von 1 – 2 Monaten erforderlich
Eibe	*Taxus*-Arten	VIII-X	XI	IV	Zur Überwindung der Keimruhe ist eine Kühlbehandlung von 12 – 18 Monaten erforderlich
Lebensbaum	*Thuja*-Arten	VIII-X	IV-V	V-VI	Zur Überwindung der Keimruhe ist eine Kühlbehandlung von 1 – 2 Monaten erforderlich
Hemlockstanne	*Tsuga*-Arten	X-XII	X-XII	V	Zur Überwindung der Keimruhe ist eine Kühlbehandlung von 2 – 4 Monaten erforderlich

Gehölze vegetativ vermehren

Der Vorteil der vegetativen Vermehrung gegenüber der generativen durch Samen besteht darin, daß die Nachkommen in allen Merkmalen der Mutterpflanze gleichen.

Teilung und Ausläufer

Die Vermehrung durch Teilung kann bei einer großen Anzahl von Sträuchern vorgenommen werden, welche die Eigenschaft haben, aus dem Wurzelstock immer neue Triebe zu erzeugen, und daher immer umfangreicher werden. Es ist wohl die einfachste und leichteste, aber auch am wenigsten ergiebige Vermehrung.

Zur Teilung werden die Pflanzen im Herbst nach dem Laubfall oder im Frühjahr vor dem Austrieb ausgegraben und mit Hilfe einer Schere zerschnitten oder mit einem Spaten vorsichtig geteilt. Bei nur schwacher Wurzelbildung ist ein Rückschnitt der geteilten Pflanzen an den oberirdischen Teilen erforderlich.

Andere Gehölze entwickeln zur natürlichen Vermehrung unterir-

disch wachsende Triebe, an deren
Spitze Jungpflanzen entstehen.
Wenn sie sich entsprechend entwickelt haben (gute Wurzelbildung),
können sie von der Mutterpflanze
getrennt werden. Die Ausläuferver-
mehrung ist der Teilungsvermehrung nahe. Allerdings sind die aus
dem Boden kommenden Triebe
weiter von der Mutterpflanze entfernt. Es ist daher nicht notwendig,
bei der Abnahme der jungen Pflanzen die Mutterpflanze auszugraben.
Durch Teilung und Ausläufer können
vermehrt werden:

Aralie	Aralia
Bärentraube	Arctostaphylos
Zwergvogelbeere	Aronia
Berberitze	Berberis
Buchsbaum	Buxus
Besenheide	Calluna
Hartriegel	Cornus canadensis
Deutzie	Deutzia gracilis
Krähenbeere	Empetrum
Heidekraut	Erica
Scheinbeere	Gaultheria
Sanddorn	Hippophaë
Johanniskraut	Hypericum
Kalmie	Kalmia
Kerrie	Kerria
Mahonie	Mahonia
Dickanthere	Pachysandra
Torfmyrte	Pernettya
Pappeln	Populus-Arten
Robinien	Robinia-Arten
Himbeere, Brombeere	Rubus-Arten
Fiederspiere	Sorbaria
Spierstrauch	Spiraea-Arten
Schneebeere	Symphoricarpos
Immergrün	Vinca

Absenker, Ableger und Abrisse

Hierbei nutzt man die Fähigkeit
mancher Gehölze, an Zweigen, die
längere Zeit mit dem Boden in
Berührung kommen, Wurzeln zu
bilden. Beim Absenken werden im
Frühjahr bevorzugt einjährige, das
heißt unverzweigte Triebe von der
Mutterpflanze ausgehend in kurzem
Bogen in die Erde gesenkt und mit
einem Haken festgeklammert.
Wenn dabei an der Biegungsstelle
die Rinde einreißt, ist dies für die
Bewurzelung nur von Vorteil. Der
längste Teil mit der Triebspitze ragt
aus dem Boden heraus. Haben sich
genügend Wurzeln gebildet – es
dauert je nach Pflanzenart ein bis
drei Jahre –, werden die bewurzelten Triebe von der Mutterpflanze
abgeschnitten. Von jedem Trieb erhält man nur eine Jungpflanze.
Während beim Absenken der
Trieb bogenförmig in die Erde gelegt wird und aus einem Trieb nur
eine Jungpflanze entsteht, wird
beim Ablegen der Trieb der Länge
nach horizontal im Boden befestigt.

Hier entstehen, je nach Anzahl der
vorhandenen Augen (Knospen),
mehrere Jungpflanzen aus einem
Trieb.
Auch hier benutzt man bevorzugt
einjährige, unverzweigte Triebe.
Die abzulegenden Triebe werden
im Frühjahr vor dem Laubaustrieb
horizontal in flache, etwa 5 – 10 cm
tiefe Rinnen gelegt und festgehakt.
Zunächst läßt man sie offen liegen.
Infolge der horizontalen Lage treiben die Augen an den Nodien
(ehemaligen Blattansätzen) durch.
Erst jetzt, nach dem Austrieb der
Augen, schiebt man die Rinne zu
und häufelt die Triebe leicht an. Im
Herbst oder besser im kommenden
Frühjahr schneidet man, nachdem
die Erde abgehäufelt wurde, die
bewurzelten Triebe auseinander.
In der Regel dauert es bis zur
Wurzelbildung nur eine Vegetationsperiode; es gibt aber auch Gehölze,
bei denen es unter Umständen
zwei bis drei Jahre dauern kann.
Als Abrisse bezeichnet man einjährige Triebe, die angehäufelt werden, sich dadurch gut bewurzeln
und über der Austriebsstelle abgerissen oder abgetrennt werden.

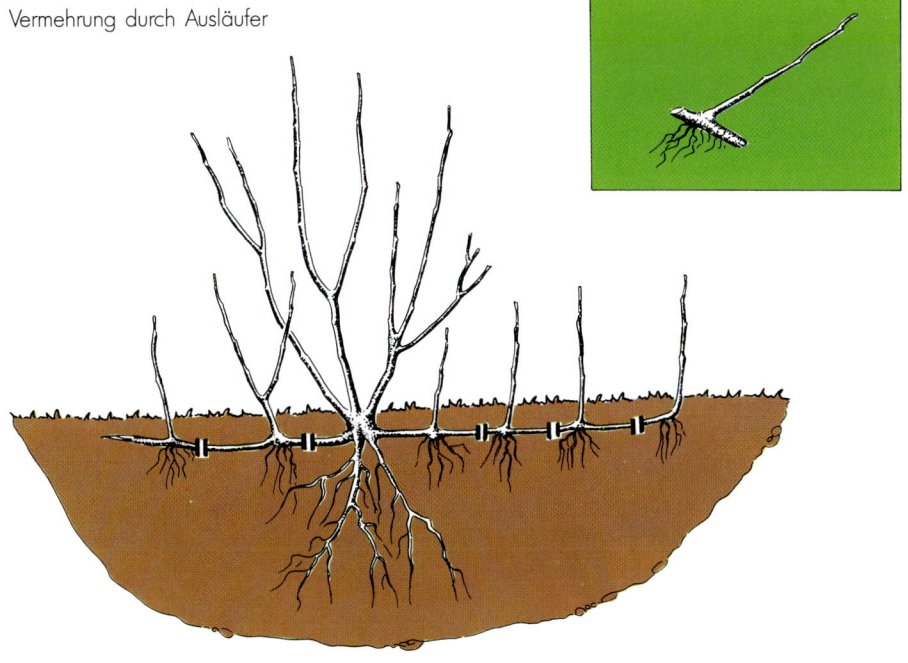

Vermehrung durch Ausläufer

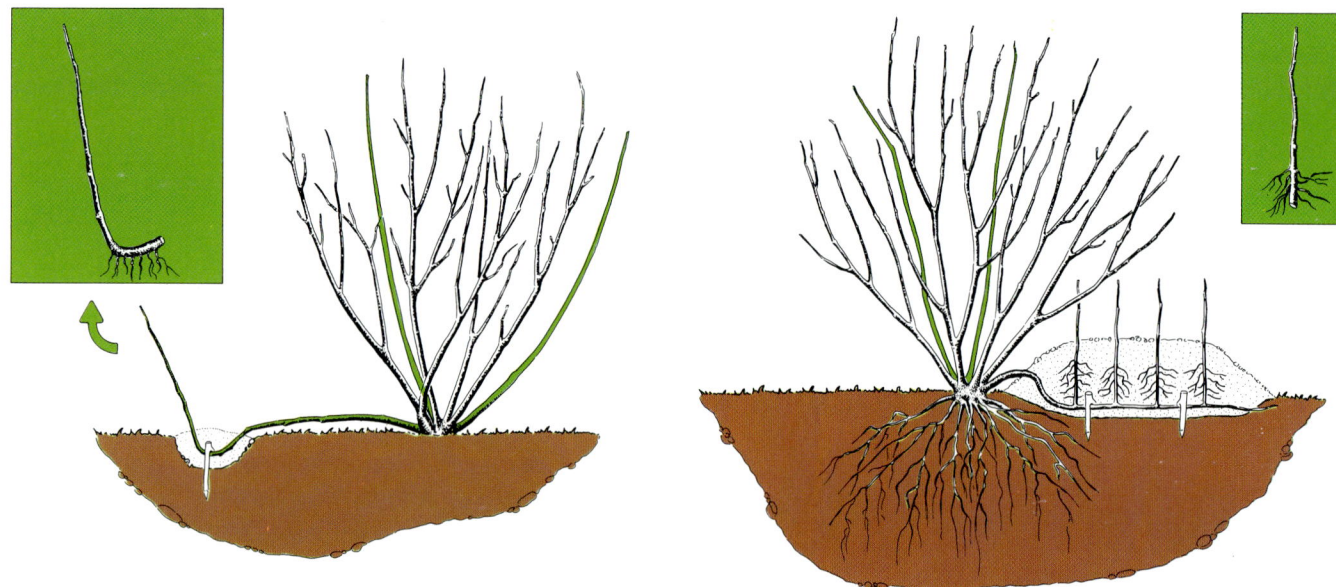

Dazu werden die Triebe ab Frühjahr von Mai bis Juli drei- bis viermal so angehäufelt, daß die Basis der Triebe schließlich etwa 20–30 cm hoch mit Erde bedeckt ist. Damit die Triebe gut von der Erde umschlossen werden, muß der Boden sehr feinkrümelig sein. Bis zum Herbst sind die Triebe in der Regel ausreichend bewurzelt. Nach dem Laubfall wird abgehäufelt, und die Triebe werden möglichst tief von der Mutterpflanze abgenommen. Früher wurden sie gerissen (daher der Name Abrisse),

heute werden sie in der Regel abgeschnitten.

Um bei diesen Methoden genügend Vermehrungsmaterial zu erhalten, schneidet der Erwerbsgärtner seine Pflanzen ein Jahr vor der eigentlichen Vermehrung stark zurück, damit sich viele neue Triebe bilden. Dies kann dem Hobbygärtner natürlich nicht empfohlen werden. Aber auch hier empfiehlt es sich, zuvor einen, zwei oder drei ältere Triebe aus dem Strauch herauszuschneiden, um die Neutriebbildung zu fördern.

Es ist leicht, die meisten unserer Gartensträucher durch Absenken (links) oder Ablegen (rechts) zu vermehren.

Durch Anhäufeln (Abrisse) lassen sich vermehren:

Quitte	*Cydonia*
Hortensie	*Hydrangea*
Apfel	*Malus-* Unterlagen
Kirsche, Pflaume	*Prunus-* Unterlagen
Johannisbeere, Stachelbeere	*Ribes*

Durch Absenken und Ablegen lassen sich vermehren:

Ahorn	*Acer*-Arten
Erle	*Alnus*-Arten
Lavendelheide	*Andromeda*
Pfeifenwinde	*Aristolochia*
Trompetenblume	*Campsis*
Hartriegel	*Cornus*-Arten
Scheinhasel	*Corylopsis*
Haselnuß	*Corylus*
Perückenstrauch	*Cotinus*

Vermehrung durch Anhäufeln

Seidelbast	*Daphne*
Zaubernuß	*Hamamelis*
Magnolie	*Magnolia*
Apfel	*Malus*
Scheinbuche	*Nothofagus*
Eisenholzbaum	*Parrotia*
Pappel	*Populus*
Kirsche, Pflaume	*Prunus*
Kreuzdorn	*Rhamnus*
Rhododendron	*Rhododendron*
Johannisbeere, Stachelbeere	*Ribes*
Himbeere, Brombeere	*Rubus*
Flieder	*Syringa*
Linde	*Tilia*-Arten
Schneeball	*Viburnum*-Arten
Glyzine	*Wisteria*

Steckhölzer

Die Vermehrung von Gehölzen durch Steckholz ist einfach und problemlos, da sie keinerlei Einrichtungen und wenig Pflege erforderlich macht. Die Triebe für die Steckholzgewinnung werden nach dem Laubfall im Herbst, von November bis Januar geschnitten (so macht es der Erwerbsgärtner) oder vor dem Austrieb im Frühjahr (so ist dem Hobbygärtner zu empfehlen). Nicht geschnitten werden darf bei starkem Frost.
Zur Steckholzvermehrung benutzt man kräftige einjährige, gut ausgereifte, mehr oder weniger verholzte Triebe (Ruten). Der richtige Zeitpunkt der Holzreife kann durch Biegen der Ruten geprüft werden: Setzt das Holz bei Belastung dem Daumen Druck entgegen, so ist es brauchbar; stark durchbiegende oder abknickende Hölzer sind schlecht ausgereift und deshalb nicht geeignet.

Die Länge eines Steckholzes richtet sich nach dem Abstand der Knoten (= Nodien bzw. ehemalige Blattansätze). Üblich ist eine Länge von 15–30 cm. In der Regel genügt es, wenn zwei gute Augen bzw. Augenpaare vorhanden sind. Geschnitten wird in der Regel mit einer Rosenschere. Am unteren Ende sollte der Schnitt etwa 3 mm unterhalb eines Auges (Knoten) verlaufen. Über dem oberen Auge beläßt man ein etwa 1 – 2 cm langes Stück (Zapfen), um ein Austrocknen des Steckholzes von oben her zu verhindern.
Ob der Schnitt gerade oder schräg geführt wird, ist für den Bewurzelungserfolg unerheblich. Allerdings empfiehlt es sich, das obere oder untere Ende schräg zu schneiden, um später beim Stecken zu wissen, wo oben und unten ist. Denn Steckhölzer weisen wie Stecklinge eine festgelegte und nicht umkehrbare Polarität auf. Sie bilden Wurzeln immer

Steckholzschnitt: Die einjährigen Ruten werden zu Steckhölzern geschnitten und gebündelt. Die Bewurzelung kann durch Wuchsstoffpräparate gefördert werden.

Viele Laubgehölze lassen sich leicht durch Steckhölzer vermehren.

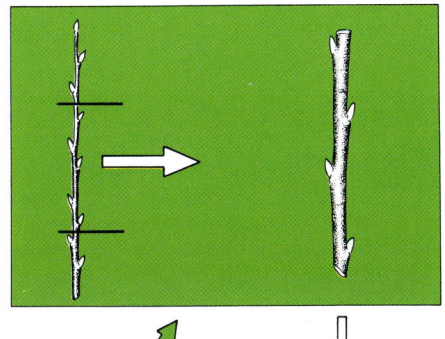

basal, das heißt am ursprünglich unteren Ende, unabhängig von der Lage zur Erdbeschleunigung. Nach dem Schneiden wird das Steckholz gebündelt, um Verwechslungen zu vermeiden etikettiert und – in feuchtem Sand eingeschlagen – frostfrei an einem geschützten Platz, z. B. im kühlen Keller oder Schuppen, gelagert. Das Stecken erfolgt dann so früh wie möglich ins Freiland, sobald keine stärkeren Fröste mehr zu erwarten sind.

Der Boden sollte gut vorbereitet sein, das heißt im Herbst grobschollig umgegraben und im Frühjahr vor dem Stecken mit einem Kultivator zerkleinert und eingeebnet werden. In den so vorbereiteten Boden wird das Steckholz an der Pflanzschnur entlang oder in vorgezogenen Rillen gesteckt, so daß die oberen Augen sichtbar bleiben. Als Faustregel gilt: Zwei Drittel des Steckholzes sollen sich im Boden, ein Drittel oberhalb des Bodens befinden. Der Abstand von

Reihe zu Reihe soll 25 cm, in der Reihe selbst etwa 6 – 15 cm betragen. Anschließend ist das Steckholz gut anzudrücken, damit es allseitig mit Erde umgeben ist. Wird auch im allgemeinen direkt ins freie Land gesteckt, so ist es auch möglich, Steckhölzer in hohe Blumentöpfe oder andere hohe Gefäße zu stecken. Nach dem Stecken ist kräftig zu wässern. Die Stecklinge bilden bald Wurzeln und treiben im Frühjahr, d. h. schon bald nach dem Stecken aus.

Durch Steckholz lassen sich vermehren:

Schönfrucht	*Callicarpa*
Scheinquitte	*Choenomeles*-Arten
Waldrebe	*Clematis*-Arten
Hartriegel	*Cornus*-Arten
Perückenstrauch	*Cotinus*
Zwergmispel	*Cotoneaster*-Arten
Quitte	*Cydonia*
Deutzie	*Deutzia*
Goldglöckchen	*Forsythia*
Sanddorn	*Hippophaë*
Hortensie	*Hydrangea*-Arten
Goldregen	*Laburnum*
Liguster	*Ligustrum*
Geißblatt	*Lonicera*-Arten
Apfel	*Malus*-Arten
Jungfernrebe	*Parthenocissus*
Sommerjasmin	*Philadelphus*
Platane	*Platanus*
Kletterknöterich	*Fallopia*
Pappel	*Populus*
Fünffingerstrauch	*Potentilla*
Kirsche, Pflaume	*Prunus*-Arten
Johannisbeere	*Ribes*

Rose	*Rosa*-Arten
Weide	*Salix*
Holunder	*Sambucus*
Spierstrauch	*Spiraea*
Schneebeere	*Symphoricarpus*
Flieder	*Syringa*
Tamariske	*Tamarix*
Ulme	*Ulmus*
Heidelbeere	*Vaccinium*
Schneeball	*Viburnum*-Arten
Weigelie	*Weigela*

Wurzelschnittlinge

Wurzelschnittlinge werden im Herbst, und zwar nach dem Triebabschluß, dem Laubfall bei Gehölzen, oder im Frühjahr vor dem Austrieb geschnitten. Auf diese Weise erhält man Wurzeln, in denen die Nährstoffe für den Winter gespeichert und dadurch Reserven für die Bildung der fehlenden Organe vorrätig sind. Die Pflanzen werden dazu sorgfältig aus dem Boden genommen, bei größeren Pflanzen auch nur einseitig freigegraben. Dann schneidet man so viele Wurzeln ab, wie die Pflanze entbehren kann bzw. wie man benötigt.

Die Wurzeln werden gründlich gewaschen und in etwa 5 – 6 cm lange Stücke geschnitten. Stärkere Wurzeln dürfen kürzer, jedoch nicht unter 3 cm lang sein. Damit die Wurzelschnittlinge nicht verkehrt herum gesteckt werden, wird zur Kennzeichnung der untere oder der obere Teil der Wurzel schräg angeschnitten. Denn Wurzelschnittlinge weisen wie Steckhölzer eine festgelegte und nicht umkehrbare Polarität auf. Gesteckt wird in Pikierkisten, Multitopfplatten oder auch in Einzeltöpfe. Als Erde sollte ein gut

Bewurzeltes Steckholz einer Platane im Frühjahr nach dem Austrieb.

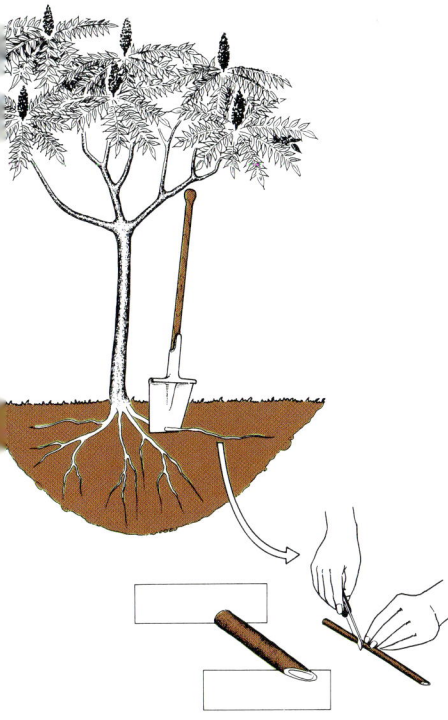

Vermehrung durch Wurzelschnittlinge am Beispiel des Essigbaums.

wasserführendes Vermehrungssubstrat verwendet werden, wie es für Stecklinge üblich ist.

Die Wurzelschnittlinge werden, wenn sie stabil genug sind, senkrecht oder leicht schräg in die zu drei Viertel gefüllten Kulturgefäße hineingedrückt, sonst mit Hilfe eines Hölzchens gesteckt. Darüber wird eine etwa 0,5 cm starke Deckschicht aus Vermehrungserde aufgebracht.

Durch Wurzelschnittlinge lassen sich vermehren:

Aralie	*Aralia*
Trompetenblume	*Campsis*
Baumwürger	*Celastrus*
Scheinquitte	*Choenomeles*
Perückenstrauch	*Cotinus*
Hibiscus	*Hibiscus*
Apfel	*Malus*

Dickanthere	*Pachysandra*
Essigbaum	*Rhus*
Rose	*Rosa*-Arten
Himbeere, Brombeere	*Rubus*
Fiederspiere	*Sorbaria*

Stecklinge

Der richtige Zeitpunkt für die Stecklingsvermehrung von Laubgehölzen hängt im wesentlichen von der jeweiligen Pflanzenart und ihrem Entwicklungsstand ab. Dabei unterscheidet man zwischen den laubabwerfenden und den immergrünen Laubgehölzen: Die Vermehrung der laubabwerfenden erfolgt in der Regel von Juni bis August; der Steckling sollte ausgereift, weder zu hart noch zu weich sein. Als Anhaltspunkt mag dienen, daß die Rinde an der Schnittstelle leicht gebräunt sein sollte. Ist der Steckling noch zu jung, dann fault er leicht, ist er dagegen schon zu hart, also verholzt, ist die Wurzelbildung in

Frage gestellt. Die Vermehrung der Immergrünen erfolgt im Anschluß an die Sommergrünen, etwa von August bis Oktober.

Bis auf wenige Ausnahmen lassen sich alle Nadelgehölze durch Stecklinge vermehren. Der günstigste Zeitpunkt für die Vermehrung liegt von Anfang August bis Ende September. Der Hobbygärtner, dem kein Gewächshaus zur Verfügung steht, sollte möglichst früh vermehren, um die natürliche Wärme recht lange auszunutzen. Die Stecklinge müssen an der Basis ausreichend verholzt sein. In der Regel verwendet man den diesjährigen Trieb in seiner ganzen Länge, mit einem kleinen Ansatz des alten Holzes. Je nach Triebstärke der einzelnen Arten ergeben sich so recht unterschiedliche Stecklingsgrößen. So schneidet man Stecklinge von Zwergkoniferen auf eine Länge von 2 – 4 cm, dagegen kön-

Bewurzelte Forsythien-Stecklinge in einem Torf-Sand-Gemisch.

nen Stecklinge von Scheinzypresse (*Chamaecyparis*) und von Wacholder (*Juniperus*) 15–20 cm lang sein. Zu beachten ist, daß sich die Entnahmestelle auf die spätere Wuchsform auswirkt. So wird man aus Seitenzweigen von baumförmig wachsenden Nadelgehölzen nur schwerlich wieder baumförmige Pflanzen erzielen. Sie wachsen in der Regel wie Seitenzweige weiter. Nadelgehölzstecklinge müssen so geschnitten oder gerissen werden, daß immer ein Teil des alten Holzes am Steckling verbleibt.

Durch Stecklinge lassen sich vermehren:

Tanne	*Abies*-Arten
Ahorn	*Acer*-Arten
Kiwi	*Actinidia*
Pfeifenwinde	*Aristolochia*
Berberitze	*Berberis*
Birke	*Betula*-Arten
Sommerflieder	*Buddleja*
Buchsbaum	*Buxus*
Schönfrucht	*Callicarpa*
Besenheide	*Calluna*
Bartblume	*Caryopteris*

Säckelblume	*Ceanothus*
Scheinzypresse	*Chamaecyparis*
Scheinquitte	*Choenomeles*
Waldrebe	*Clematis*-Arten
Hartriegel	*Cornus*-Arten
Scheinhasel	*Corylopsis*
Perückenstrauch	*Cotinus*
Zwergmispel	*Cotoneaster*
Sicheltanne	*Cryptomeria*
Geißklee	*Cytisus*
Seidelbast	*Daphne*
Deutzie	*Deutzia*
Heidekraut	*Erica*
Pfaffenhütchen	*Euonymus*-Arten
Goldglöckchen	*Forsythia*
Federbuschstrauch	*Fothergilla*
Ginster	*Genista*
Strauchveronika	*Hebe*
Efeu	*Hedera*
Hortensie	*Hydrangea*
Johanniskraut	*Hypericum*
Stechpalme	*Ilex*

Jasmin	*Jasminum*
Wacholder	*Juniperus*
Kalmie	*Kalmia*
Maiblumenstrauch	*Kolkwitzia*
Liguster	*Ligustrum*
Geißblatt	*Lonicera*-Arten
Magnolie	*Magnolia*-Arten
Scheinbuche	*Nothofagus*
Duftblüte	*Osmanthus*
Dickanthere	*Pachysandra*
Torfmyrte	*Pernettya*
Sommerjasmin	*Philadelphus*
Fichte	*Picea*
Fünffingerstrauch	*Potentilla*
Lorbeerkirsche, Mandelbäumchen	*Prunus*-Arten
Feuerdorn	*Pyracantha*
Rhododendron	*Rhododendron*
Johannisbeere	*Ribes*
Weide	*Salix*
Skimmie	*Skimmia*
Spierstrauch	*Spiraea*
Schneebeere	*Symphoricarpos*
Eibe	*Taxus*
Lebensbaum	*Thuja*
Hemlockstanne	*Tsuga*
Heidelbeere	*Vaccinium*
Schneeball	*Viburnum*
Wein	*Vitis*
Weigelie	*Weigela*
Glyzine	*Wisteria*

Um Cotoneaster in größeren Mengen zu vermehren, kann man sie in Kistchen stecken.

Rosen vermehren

Die Vermehrung der Wildrosen erfolgt durch Samen oder durch Wurzelausläufer. Die Aussaat erfolgt am besten noch im Herbst nach der Samenreife auf Anzuchtbeeten im Freien, und zwar in Reihen, um in den nächsten Jahren das Unkraut besser bekämpfen zu können. Auch eine Aussaat in Kisten ist möglich. Im Frühjahr nach der Aussaat keimen in der Regel die ersten Samen, andere liegen noch ein weiteres Jahr über. Nach der Keimung ist alsbald zu pikieren; der anzustrebende Pflanzenabstand sollte dabei 4 – 5 cm betragen. Die eigentlichen Park- und Edelrosen können nur durch Veredlung gewonnen werden. Zum Erfolg der Veredlung, die durch Okulation ausgeführt wird (siehe Seite 82), trägt neben gesunden, wüchsigen Unterlagen, deren Rinde sich leicht lösen läßt, vor allem die Qualität der Veredlungsreiser bei, denen die Augen (Knospen) entnommen werden. Die Veredlung wird in der Regel im Juli nach der ersten Blüte durchgeführt, wenn die Triebe ausgereift sind und die Stacheln sich mit leichtem Druck ohne Schwierigkeiten entfernen lassen.
Als Unterlagen für Buschrosen, wozu auch die Edelrosen zu zählen sind, werden einjährige Sämlinge mit einem Wurzelhalsdurchmesser von 4 – 8 mm verwendet, unter anderem von *Rosa canina* ('Inermis' und 'Pfänder') sowie *Rosa multiflora* ('Stachellose'). Sie werden im Frühjahr vor der Okulation aufgeschult. Gleich nach dem Aufschulen werden die Unterlagen leicht angehäufelt, damit die Pflanzen sicherer anwachsen und die Rinde im Bereich des Wurzelhalses weich wird bzw. bleibt. Als Unterlagen für Hochstämmchen verwendet man zwei- oder dreijährige Säm-

| 1. Jahr | 2. Jahr |

Pflanzschnitt an der Unterlage (März)

Aufschulen und anhäufeln (März)

Abhäufeln und auf den Wurzelhals veredeln (Juni/Juli)

Austrieb, mehrmals verzweigt (Herbst)

Entspitzen, 3 – 5 Blätter stehenlassen (Mai)

Wildtrieb unmittelbar über der Veredlungsstelle abschneiden (März)

linge mit geraden, mehr oder weniger bestachelten Trieben. Im Spätherbst kann man sie roden und pflanzfertig zuschneiden, so daß eine kräftige Rute stehenbleibt. Im Frühjahr werden sie dann aufgepflanzt, am besten an Ort und Stelle, um sie schließlich im Sommer zu veredeln.
Bei den Buschrosen veredelt man auf den Wurzelhals. Dazu wird zunächst der Wurzelhals freigemacht (abgehäufelt) und mit einem Lappen gesäubert. Dann erfolgt die eigentliche Veredlung. Im März des darauffolgenden Jahres wird der Wildtrieb unmittelbar über der Veredlungsstelle abgeschnitten. Die Veredlungen treiben bald aus. Sobald der Trieb drei bis fünf Blätter hat, wird die noch weiche Spitze mit dem Fingernagel abgeknipst, so daß nur drei Blätter verbleiben. Durch diese Maßnahme wird die Pflanze angeregt, sich zu verzweigen. Dieses »Pinzieren« ist je nach Wuchs der Rose bis in den

Diese Übersicht zeigt die Vermehrung von Rosen durch Okulation.

Sommer hinein mehrmals zu wiederholen. Zu empfehlen ist, den Austrieb an einen Stab zu binden. So wird verhindert, daß Verluste durch Windbruch entstehen, denn die Veredlungsstellen sind anfangs noch nicht sehr fest verwachsen und brechen leicht aus.
Hochstammrosen werden in der Regel in 60 cm (Halbstamm), 90 cm (Hochstamm) oder 140 cm Höhe (Trauerrosen) veredelt. Dabei sind zwei Augen an gegenüberliegenden Seiten einzusetzen. Im Herbst werden die Kronen als Schutz gegen Frost niedergelegt und mit Erde bedeckt. Im Frühjahr, etwa Anfang April, richtet man die Stämmchen sorgfältig wieder auf und schneidet die Wildlingskrone bis auf einige Zentimeter über dem oberen Auge ab. Die Nachbehandlung entspricht der zuvor beschriebenen bei den Buschrosen.

79

Obstgehölze vermehren

Fast alle einheimischen baumförmigen Obstarten und -sorten sind mischerbig. Das macht ihre sortenreine Vermehrung durch Samen unmöglich. Nur einige Pfirsichsorten können durch Samen vermehrt werden. Auch die meisten vegetativen Vermehrungsarten kommen für Baumobstarten in der Regel nicht in Frage, da sie auf eigener Wurzel nur schlecht wachsen oder nur geringe Erträge bringen. Einige Sorten von Pflaume, Zwetsche und Reneklode lassen sich wurzelecht durch Ableger, Ausläufer oder Abrisse vermehren. In der Regel aber werden Baumobstarten auf Unterlagen »veredelt«.

Als Unterlage dienen Jungpflanzen, die entweder vegetativ aus Mutterpflanzen oder generativ aus Samen eigens ausgewählter Sorten (»Samenspender«) gezogen werden. Auf die Anzucht von Unterlagen sind spezielle Baumschulen spezialisiert. Weil ein Hobbygärtner in der Regel nicht über die entsprechenden Mutterpflanzen für die Unterlagenvermehrung verfügt, ist er auf den Zukauf von Unterlagen aus Baumschulen angewiesen. Eine Ausnahme sind Sämlingsunterlagen, die er sich aus Samen selbst heranziehen kann. Bekannte Sämlingsunterlagen für die verschiedenen Obstarten sind nachstehend aufgeführt:

Apfel:	Grahams Jubiläum Bittenfelder
Birne:	Kirchensaller Mostbirne
Pflaume:	Myrobalane-Sämling St.-Julien-Sämling
Kirsche:	Limburger Vogelkirsche Hüttners Vogelkirsche
Pfirsich:	Kernechter vom Vorgebirge

Der Hobbygärnter sollte seine Reiser immer erst direkt vor der Veredlung schneiden. Bei den Reisern für Sommerveredlungen (Okulationen) müssen die Blätter sofort nach dem Schneiden der Reiser mit einem Messer oder einer Schere bis auf etwa 1 cm lange Blattstielstummel entfernt werden. Außerdem schneidet man die unausgereiften Triebspitzen weg. Die entblätterten Reiser werden nun entweder direkt veredelt oder aber »auf Abruf« kühl gelagert. Selbst während des Veredelns sollten die Reiser, die gerade nicht verarbeitet werden, mit einem feuchten Sack oder Tuch umhüllt sein, damit sie frisch bleiben. Bei dem Schnitt für Winter- und Frühjahrsveredlungen sind keine besonderen Aufwendungen am Reis erforderlich, wie sie für Sommerverdelungen vorgenommen werden mußten, weil die Blätter im Herbst abgefallen sind. Die Reiser sollten um so stärker sein, je später im Frühjahr zu veredeln beabsichtigt wird.

Veredlungssystem bei Obstbäumen

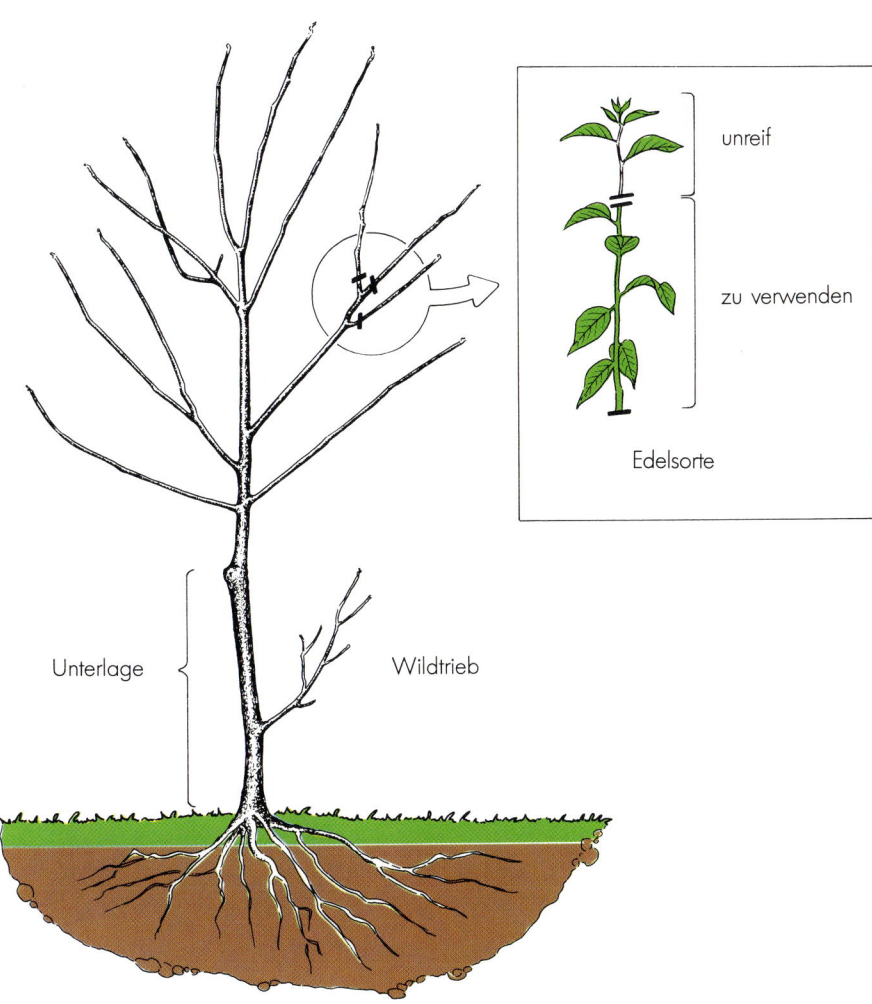

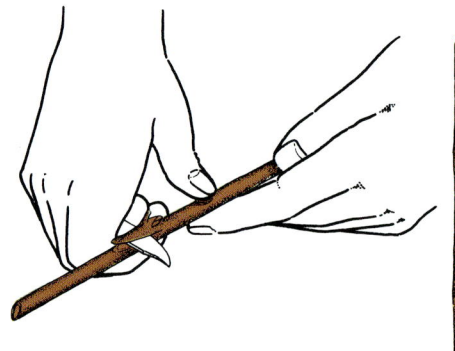

Schneiden der Augen

Kurzer Blattstiel beim Vorbinden mit Bast oder Gummi

Blattstiel ganz entfernt, bei Verwendung von Schnellverschlüssen

Bei allen Veredlungsmethoden muß sehr sorgfältig gearbeitet werden. Die Zellen von Unterlage und Reis können sich nur vereinigen, wenn sich der Saft der Unterlage mit dem Saft des Reises verbindet. Das heißt, zwischen Reis oder Auge und Unterlage dürfen keine Hohlräume bleiben; ein gesundes Verwachsen wäre sonst ausgeschlossen. Auch ist es wichtig, daß ein Arbeitsschritt unmittelbar nach dem anderen erfolgt: Die Schnittstellen dürfen nur kurz der Luft ausgesetzt sein.

Baumveredlung durch Okulation

Die Okulation ist für den Erwerbsgärtner wohl die wichtigste Veredlungsmethode für Obstgehölze. Das Wort Okulation stammt vom lateinischen *oculus* (Auge) ab und bezeichnet eine Methode, bei der ein oder mehrere Augen eines Edelreises auf eine Unterlage übertragen werden.

Bei der Okulation muß das Kambium (Wachstumsgewebe) voll teilungsfähig sein und die Rinde sich leicht vom Holz lösen. Sie wird zu zwei verschiedenen Zeiten durch-

geführt. Die Okulation auf das »treibende« Auge erfolgt bereits im Mai und Juni. Hierbei werden die noch ruhenden Augen des Vorjahres verwendet. Das veredelte Auge treibt dann noch im selben Sommer aus. In der Regel wird die Okulation aber auf das »schlafende« Auge im Juli und August durchgeführt, wenn sich die Rinde der Unterlage lösen läßt und wenn in den Blattachseln gleichjähriger Edelreiser ausreichend kräftige Augen entwickelt sind. Das Auge treibt erst im kommenden Frühjahr aus, es »schläft« den Winter über.

Im **Juli** werden okuliert: Pfirsich, Birne, Quitte, Apfel. Im **August** werden okuliert: Apfel, Kirsche.

Mit dem Auge muß teilungsfähiges Gewebe, also Kambium, übertragen werden. Das wird dadurch erreicht, daß das Auge aus dem Edelreis mit einem Rindenstückchen, dem Schildchen, herausgeschnitten wird; Der Schnitt muß dabei so tief geführt werden, daß der Kambiumzylinder angeschnitten wird; er soll aber wiederum so flach verlaufen, daß der Holzanteil am losgeschnittenen Rindenstückchen nur schwach ist. In der Regel beträgt die Schildlänge bei den Obstgehölzen zwischen 2,5 und 3,5 cm. Das maßgerechte Abtrennen des Auges, ohne daß es zu dick oder zu dünn wird, ist das wichtigste und wohl auch schwierigste an der ganzen Okulation. Hier liegen meist die Ursachen für den Erfolg oder Mißerfolg der Veredlung. In der Regel wird das Auge bei Obstgehölzen etwa 10 cm über dem Boden »in den Wurzelhals« veredelt. Ausnahmen sind Sauerkirsche, Pfirsich, Aprikose und Quitte. Hier wird die Veredlung in der gewünschten Kronenhöhe angesetzt. Bevor jedoch die Augen in Bodennähe eingesetzt werden können, sind vorbereitende Arbeiten notwendig. Dazu gehört etwa 10 bis 14 Tage vor dem Veredlungstermin das Entfernen der Seitentriebe im Bereich der geplanten Veredlungsstelle.

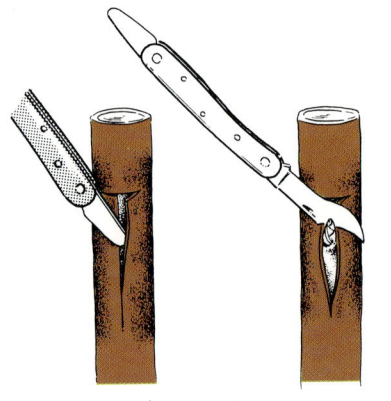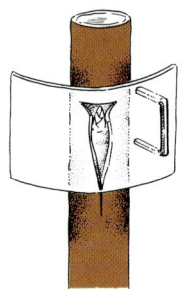

Lösen der Rinde

Einschieben des Auges in die Unterlage

Verbinden mit Bast

Schnellverschluß

Bei anhaltender Trockenheit sind die Unterlagen kräftig zu wässern, damit sich die Rinde am Tage der Veredlung auch tatsächlich löst. Unmittelbar vor dem Veredeln müssen die Veredlungsstellen mit einem trockenen, weichen Lappen von hochgeschleuderten Bodenteilchen und anderem Schmutz gesäubert werden, denn in die freigelegten Rindenflügel dürfen keine Fremdkörper eindringen. Mit dem Okuliermesser wird an einer glatten Stelle der Rinde zuerst ein Quer- und dann ein Längsschnitt (ein großes T) in die Unterlage geschnitten.

> Wenn möglich, muß das Auge auf der windzugekehrten Seite der Unterlage eingesetzt werden. Die Gefahr des Abbrechens der neu gebildeten Triebe infolge Windeinwirkung wird dadurch vermindert.

Nun kann man mit dem Messer die Rindenflügel aufklappen; das Auge wird sodann am Blattstiel gefaßt und in den T-Schnitt eingeführt. Um den richtigen Sitz zu erreichen, ist manchmal eine Nachhilfe notwendig. Dabei übernimmt der Löser (Haken) am Okuliermesser zweckmäßigerweise die Funktion der Finger: Unmittelbar über dem Auge angesetzt kann mit ihm der notwendige Druck ausgeübt werden, um das Augenschild ausreichend tief in die Unterlage einschieben zu können. Wenn nun noch ein Teil der oberen Schildchenhälfte zungenförmig über den Querschnitt hinausragt, wird er an dieser Stelle abgeschnitten; er würde ohnehin vertrocknen.
Das Verbinden des eingeschobenen Auges mit Bast oder mit Veredlungsfäden aus Gummi geschieht von oben nach unten. Dabei drückt der Daumen der linken Hand den

Anfang des Bast- oder Gummifadens genau auf den Querschnitt. Im Uhrzeigersinn wird dieser Bindungsanfang bei Gummifäden einmal und bei Bastfäden zweimal gebunden. Nach unten sollten wenigstens vier Bahnen folgen, wobei in der Regel darauf zu achten ist, daß das Auge und der Blattstielstummel nicht überbunden werden. Da Auge und Unterlage rasch miteinander verwachsen, ist ein Verstreichen mit Baumwachs nur in Sonderfällen erforderlich. Die Bastverbände müssen spätestens nach drei bis vier Wochen mit einem Längsschnitt an der Rückseite der Veredlung gelöst werden.
Der Erwerbsgärtner verwendet anstelle von Bast Schnellverschlüsse aus Gummi. Diese Gummimanschette wird einfach über die Okulationsstelle gespannt und auf der Rückseite mit einer Klammer zusammengeheftet. Das Gummi ist fest genug, um das Verwachsen zu garantieren, jedoch zugleich so elastisch, daß kein Einwachsen möglich ist. Durch Einwirkung des Sonnenlichtes (ultravioletter Strahlung) löst sich dieses Material allmählich auf und fällt selbständig ab, so daß der Verband nicht ge-

löst werden muß. Bei Verwendung der Schnellverschlüsse darf der Blattstiel nicht am Schildchen bleiben, sondern muß vorher entfernt werden.
Schon 14 Tage nach der Okulation ist zu sehen, ob diese erfolgreich war oder nicht. Bei einer geglückten Veredlung ist der Blattstiel bereits von selbst abgefallen oder fällt nach Berührung ab. Bei einer nicht angewachsenen Veredlung ist er vertrocknet, ohne jedoch abzufallen. Ist der Blattstiel vorher entfernt worden, so ist der Anwachserfolg daran erkennbar, daß Auge und Schild »voll im Saft stehen«, während nicht angenommene Augen bereits eingetrocknet sind.
Im zeitigen Frühjahr des folgenden Jahres werden die Unterlagen abgeworfen, d. h. etwa 15–20 cm über der Veredlungsstelle abgeschnitten. Der stehengebliebene

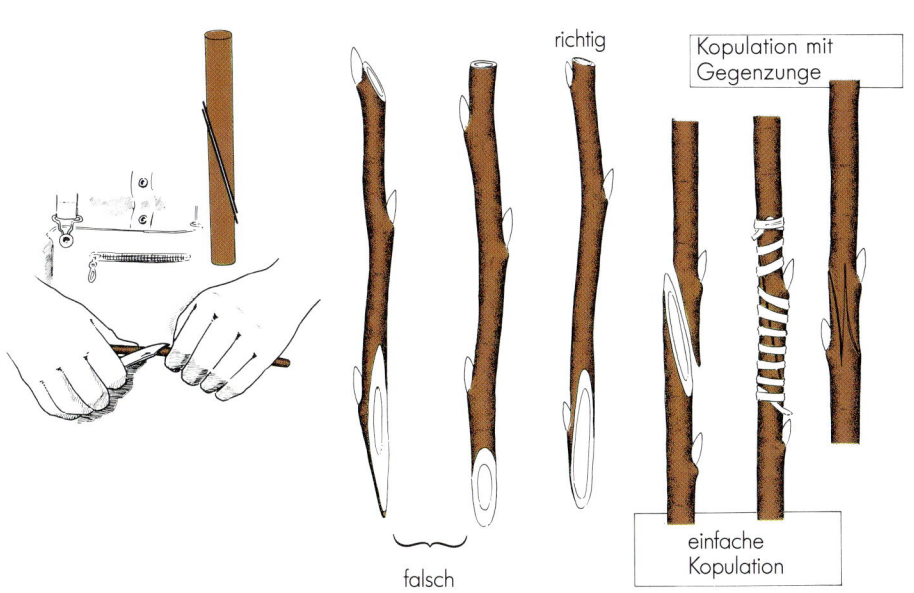

Kopulation:
Reiser schräg anschneiden und nicht zu stumpf (M.), und gut verbinden (r.).

richtig

Kopulation mit Gegenzunge

einfache Kopulation

falsch

Zapfen der abgeworfenen Unterlage wird blindgeschnitten, d. h. alle Seitentriebe und Augen sind zu entfernen. Im Frühjahr entwickelt sich dann aus dem Auge ein Trieb. Bei einer Länge von 10–15 cm wird dieser an den Zapfen festgebunden, damit er nicht übermäßig krumm wächst oder durch Wind abbricht. Gleichzeitig werden alle Wildtriebe an der Unterlage oberhalb oder unterhalb des Auges entfernt; der Gärtner bezeichnet dies als räubern.

In den Monaten August/September haben die Zapfen im allgemeinen ihren Zweck, den angebundenen Trieb zu halten, erfüllt und können mit einer scharfen Schere abgeschnitten werden. Die entstandene Wunde ist mit Baumwachs zu verstreichen. Wenn der Trieb die gewünschte Stammhöhe erreicht hat, kann in den folgenden Jahren mit der Kronenerziehung begonnen werden.

Baumveredlung durch Kopulation

Durch Kopulation werden unter anderem Apfel, Birne und Kirsche vermehrt. Voraussetzung für das Gelingen ist, daß Unterlage und Reis die gleiche Stärke haben. Die günstigste Zeit für die Veredlung ist das Frühjahr, zu einem Zeitpunkt, wenn das Holz ausgereift ist und die Saftruhe noch besteht. Reis und Unterlage erhalten bei der Kopulation aufeinander passende, gleich lange Schrägschnitte. Je stärker die Zweige, desto länger sollten auch die Schnitte sein. Als Faustregel gilt: etwa viermal so lang wie der Durchmesser der Unterlage. Der Kopulationsschnitt an Edelreis und Unterlage sollte so verlaufen, daß eine Knospe der Schnittflächenmitte gegenüberliegt.

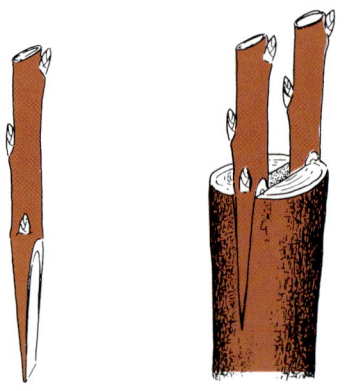

Das Spaltpfropfen ist einfach zu erlernen und dabei zuverlässig.

Diese Knospen begünstigen das Verwachsen des Reises, weil im unmittelbar umgebenden Gewebe besonders viele Reservestoffe eingelagert sind.

Das Edelreis sollte bei Veredlung in Kronenhöhe vier bis sechs Knospen haben, bei bodennahen Veredlungen zwei bis drei Knospen. Jeweils über der obersten Knospe werden die Edelreiser schräg zur Knospe abgeschnitten. Sobald die beiden Kopulierschnitte am Edelreis und an der Unterlage ausgeführt sind, muß geprüft werden, ob die Schnittflächen gleich lang sind und das Kambium beider eng und lückenlos aneinanderliegt. Bei unterschiedlicher Länge muß an einem der beiden Partner, am besten am Edelreis, ein neuer verkürzter oder verlängerter Kopulierschnitt gefertigt werden. Dann werden die Schnittflächen so aufeinandergelegt, daß sich die Kambiumringe möglichst im gesamten Verlauf überdecken.

Da Edelreis und Unterlage nur durch Aufeinanderdrücken in ihrer Lage gehalten werden, ist es notwendig, einen gut sitzenden Bastverband anzulegen. Der Erwerbsgärtner verwendet heute zum Verbinden in der Regel spezielle

Gummibänder. Der Verband soll in Bahnen mit engem Abstand angelegt werden. Er beginnt knapp über der oberen Zunge und endet unterhalb der unteren Zunge. Den Bastverband sichert man durch zweimaliges und beim Gummiband durch einmaliges Schlingen um die letzte Bindungsbahn. Anschließend ist die Veredlungsstelle mit Baumwachs zu verstreichen, wobei vor allem die Nahtstellen lückenlos überzogen werden müssen. Dabei wird auch die Schnittfläche am Kopf des Edelreises verstrichen. Nicht in jedem Fall weisen Unterlage und Edelreis dieselbe Stärke auf. Auch in diesen Fällen kann es zu einer innigen Verwachsung kommen, wenn die Kabiumschichten wenigstens an einer Stelle in Kontakt miteinander gebracht werden. Das Verbinden ungleich starker Veredlungspartner ist schwieriger als bei gleich starken, weil dabei die Gefahr besteht, daß das Edelreis durch den straff gespannten Bindungsfaden zur inneren Fläche der Unterlage hin verschoben wird, wo kein wachstumsfähiges Gewebe mehr vorhanden ist. Darauf muß beim Verbinden geachtet werden. Schon kurze Zeit nach der Veredlung beginnt die Verwachsung. Ein einschneidender Bastverband ist ein sicheres Zeichen für das Verwachsen. Dies ist in der Regel

nach sechs bis acht Wochen der Fall. Dann müssen sämtliche Bahnen des Verbandes mit einem scharfen Messer durchtrennt werden. Eine Variante des einfachen Kopulierens stellt die Kopulation mit Gegenzunge dar. Hierbei werden am Edelreis und Unterlage zungenförmige Einschnitte geformt, so daß die beiden Veredlungspartner ineinandergeschoben werden können und sich dadurch eine größere Festigkeit ergibt. Diese Variante ist zu empfehlen, wenn man beim einfachen Kopulieren Schwierigkeiten hat, die Schnittflächen beider Partner zusammenzuhalten und gleichzeitig den Bastverband so anzulegen, daß sich das Edelreis nicht verschiebt.

Baumveredlung durch Pfropfen

Veredlungsarten, bei denen die Unterlage deutlich stärker ist als das Edelreis, werden als Pfropfungen bezeichnet. Pfropfungen werden insbesondere bei Obstbäumen vorgenommen, die schon am endgültigen Standort stehen und bei denen eine Korrektur erwünscht ist.

Pfropfen in den Spalt (Spaltpfropfen)

Das Pfropfen in den Spalt ist ein einfaches und dabei zuverlässiges Veredlungsverfahren, das leicht zu erlernen ist. Die Unterlage wird an der vorgesehenen Veredlungsstelle mit einem leichten Schrägschnitt glatt abgeschnitten oder -gesägt und anschließend mit einem Messer einige Zentimeter aufgeschnitten (gespalten). Am Edelreis nimmt man zwei im spitzen Winkel zueinander verlaufende Kopulationsschnitte vor, die etwas länger als

der Spaltschnitt sein sollen. Auf der nach außen zu plazierenden Rindenpartie sollte etwa in der Mitte der Schnittlänge eine Knospe stehen. Nun wird das Messer von oben so weit in den Spalt eingeführt und nach außen gedrückt, daß ein ausreichend breiter Spalt zum Einsetzen des Reises entsteht. Wichtig dabei ist, daß das Kambium des Reises in den Kambiumbereich der Unterlage gebracht wird. Bei größeren Pfropfköpfen kann man zwei oder auch vier Reiser einsetzen. Anschließend müssen die Veredlungen mit Bast verbunden und sorgfältig mit Baumwachs verstrichen werden. Das Spaltpfropfen gibt es in mehreren abgewandelten Formen. Sie sind in den Abbildungen näher dargestellt. Kirschbäume sollten während der Vegetationsruhe (Januar bis spätestens Ende Februar) veredelt werden. Bei Kernobst verlaufen auch Ende Februar bis Anfang März durchgeführte Spaltpfropfungen in der Regel noch erfolgreich.

Gleich welchen Durchmesser ein Pfropfkopf am Seitenast hat: Das für die Astverlängerung vorgesehene Edelreis sollte stets auf der Astoberseite eingesetzt werden.

Pfropfen hinter die Rinde

Die Vorbereitung der Unterlage erfolgt wie beim Pfropfen in den Spalt. Beim Rindenpfropfen wird mit dem Messer ein gerader Längsschnitt in die Rinde des Pfropfkopfes gefertigt, der in der Länge dem Kopulierschnitt am Edelreis entspricht. Sobald dabei das Messer die Rinde durchschnitten hat, muß mit der Messerklinge versucht werden, die rechts und links des Längsschnittes liegende Rinde vom Holzteil abzuheben. Wenn der Baum voll im Saft steht (Ende April bis Mitte Mai), löst sich die Rinde leicht. Dem Einschieben des Edelreises sollen die Rindenflügel jedoch einen merklichen Widerstand entgegensetzen; deshalb

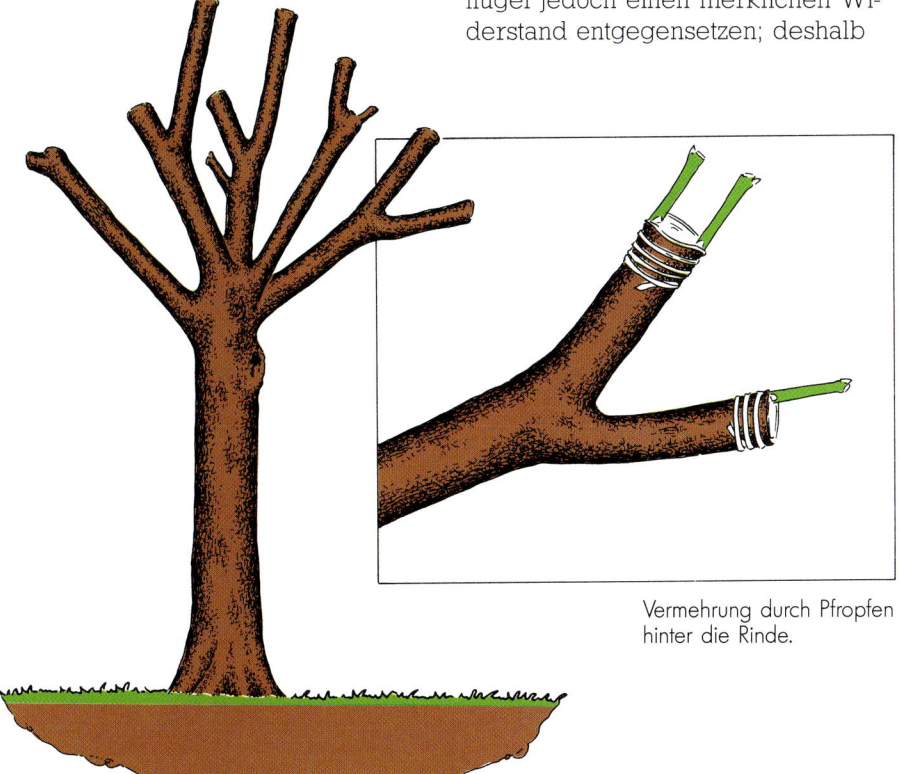

Vermehrung durch Pfropfen hinter die Rinde.

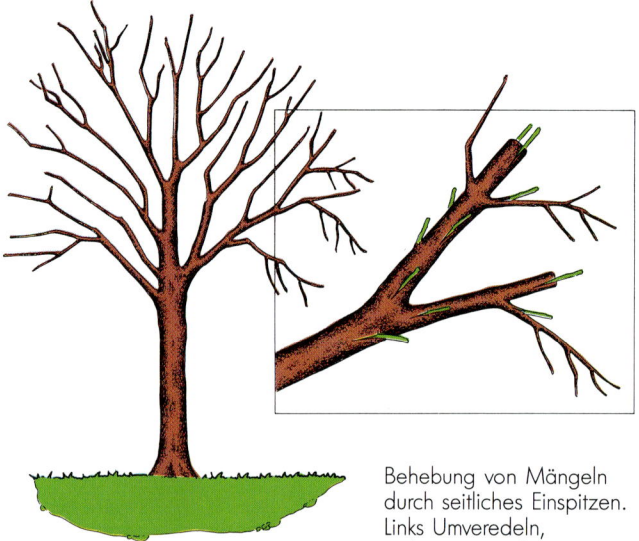

Behebung von Mängeln
durch seitliches Einspitzen.
Links Umveredeln,
rechts im Detail.

Umveredeln stärkerer Äste:
mit Drahtstiften befestigen.

T-Schnitt
an der Unterlage,
Kopulationsschnitt am Edelreis.

darf man die Rinde nicht zu weit lösen. Dann wird an einem Reis mit fünf bis sechs Augen ein Kopulierschnitt durchgeführt. Das oberste Auge ist dabei so zu wählen, daß der sich daraus entwickelnde Trieb vom Zentrum des Baumes her gesehen nach außen wächst. Beim Einschieben des Edelreises ist darauf zu achten, daß der halbmondförmige Schnittanfang über die Pfropfkopfebene ragt. Anschließend wird der Pfropfkopf mit Bast verbunden und lückenlos verstrichen. Zu diesem Grundschnitt sind die verschiedenartigsten Varianten von Zusatzschnitten entwickelt worden. Zwei von ihnen sind in den Abbildungen dargestellt. Das verbesserte Rindenpfropfen eignet sich ganz besonders gut zum Umveredeln älterer Kern- und Steinobstbäume, bei denen das Loslösen der dicken Rinde schwieriger ist als bei jungen Bäumen.

Seitliches Einspitzen

Neben dem Pfropfen eignet sich auch das seitliche Einspitzen in vielfältiger Weise zur Behebung von Mängeln bei älteren Obstbäumen, u. a. zum Überbrücken von

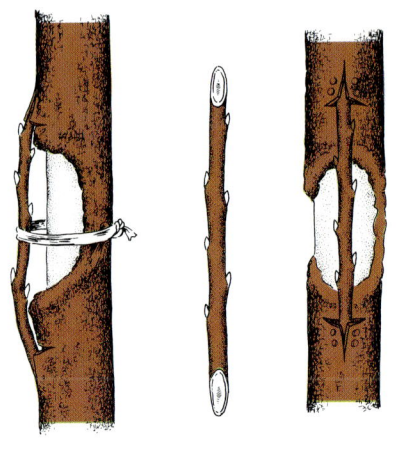

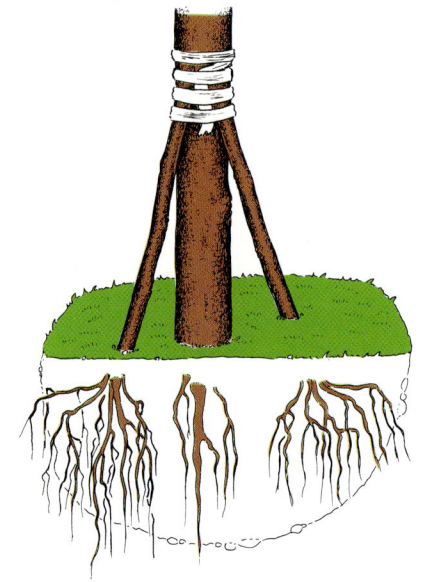

Überbrücken von Wunden (M.) oder Verbesserung der Standfestigkeit (u.) durch seitliches Einspitzen.

starken Ast- und Stammwunden und zur Bekleidung verkahlter Astpartien, wie die Abbildungen zeigen. Auch zum Umveredeln ganzer Kronen kann man das seitliche Einspitzen anwenden. Die Reiser werden dabei an den Stellen in die Äste einveredelt, wo beim Abwerfen die Pfropfköpfe entstehen würden. Innerhalb der Unterlagenkrone baut sich dann eigens die Krone der gepfropften Sorte auf.
Die Technik ist auf Seite 87 genauer beschrieben.
Etwa im dritten Jahr nach der Veredlung sollten die Äste der Unterlage, die bis dahin noch Erträge bringen konnten, an den Veredlungsstellen entfernt werden. Bei Kronen mit stärkeren Ästen bereitet das Verbinden mit Bast Schwierigkeiten. Hier empfiehlt es sich, die Rindenflügel und die Reiser mit Drahtstiften an die Unterlage zu heften. Auch hier sind selbstverständlich die Veredlungsstellen mit Baumwachs sorgfältig zu verstreichen.

Beerenobst vermehren

Johannisbeeren und Stachelbeeren

Stachel- und Johannisbeere können entweder durch Absenker, durch Ableger, durch Abrisse (Anhäufeln) sowie durch Stecklinge und Veredeln vermehrt werden. Nicht oder nur mit einem sehr unbefriedigenden Ergebnis möglich ist die Vermehrung der Stachelbeere durch Steckholz, während Johannisbeeren vorwiegend durch Steckholz vermehrt werden. Dazu verwendet man gut ausgereifte, einjährige Triebe, die mindestens bleistiftstark sein sollten. Daraus lassen sich 20–25 cm lange Steckhölzer schneiden. Ungeeignet zur Steckholzgewinnung sind vergeilte Triebe aus dem Strauchinneren, ebenso zu mastige oder zu dünne Triebe.

Die Steckholzgewinnung ist ab Ende August, sobald die Jahrestriebe genügend ausgereift sind, am günstigsten. Die Hölzer können dann – im Herbst gesteckt – im Boden noch Kallus und kleine Wurzeln bilden. Im Herbst des folgenden Jahres sind die Jahrestriebe auf zwei bis drei Knospen über den Boden zurückzuschneiden. Durch Steckholz nicht vermehren läßt sich die Johannisbeersorte 'Rote Spätlese'. Sie vermehrt man am besten durch Ableger, Absenker oder Abrisse.

Anzucht von Hochstämmchen

Um Halb- und Hochstämmchen anzuziehen, wird als Veredlungsmethode in der Regel das seitliche Einspitzen angewandt. Diese Methode ist eine Kombination zwischen dem bekannten T-Schnitt an der Unterlage bei der Okulation und dem Kopulationsschnitt am Edel-

reis. Wichtig ist, daß sich die Rinde der Unterlage löst. Seitlich eingespitzt wird ab der zweiten Julihälfte bis in den August hinein. Als Unterlage dient sowohl für Stachelbeeren als auch für Johannisbeeren die Goldjohannisbeere *(Ribes aureum)*. An den entblätterten Edelreisen mit drei bis fünf Augen wird ein etwa 3 cm langer Kopulierschnitt vorgenommen; in die Unterlage ist in Kronenhöhe das T zu schneiden. Nachdem man die Rindenflügel der Unterlage angehoben hat, läßt sich das Reis zwischen Rinde und Holzteil einschieben.

Anschließend ist die Veredlungsstelle wie bei der Kopulation zu verbinden und mit Baumwachs lückenlos zu verstreichen. Im Winter nach der Veredlung wird dann die Unterlage auf einen 10–15 cm langen Zapfen über der Veredlungsstelle abgeschnitten. Die Krone, die sich im folgenden Sommer aus dem Edelreis bildet, wird selbst angebunden. Wenn sie dann fest genug steht, kann der Zapfen weggeschnitten werden.

Wenn die Knospen der Edelreiser anschwellen, war die Veredlung erfolgreich.

Himbeeren und Brombeeren

Die Vermehrung der Himbeere erfolgt durch Ausläufer (Wurzelschosse), Wurzelschnittlinge oder Ableger. Bei der Vermehrung durch Ausläufer werden die im Laufe des Sommers aus dem Boden kommenden Triebe in einigem Abstand zur Mutterpflanze ausgegraben und direkt an Ort und Stelle gepflanzt. Sie wird nach dem Laubfall oder im zeitigen Frühjahr durchgeführt. Wurzelschnittlinge schneidet man während der Vegetationsruhe im Spätherbst. Man gräbt dazu etwa bleistiftstarke Wurzeln aus, ohne die Mutterpflanze zu schädigen, und schneidet sie in 5–8 cm lange Stücke. Den Winter über bewahrt man sie in feuchtem Sand auf, um sie im Frühjahr, wenn die Wurzelknospen austreiben, an Ort und Stelle auszupflanzen.

Aufrechtwachsende Brombeer-Sorten werden wie die Himbeeren durch Ausläufer oder Wurzelschnittlinge vermehrt. Die Vermehrung der ausläuferlosen, rankenden Sorten ist entweder über Absenken, Wurzelschnittlinge oder Stecklinge möglich. Die stachellose Sorte 'Thornless Evergreen' sollte nicht durch Wurzelschnittlinge vermehrt werden, da es sonst zur Regeneration der Stacheln kommt.

Heidelbeeren vermehren

Die Vermehrung der Heidelbeeren ist nicht ganz einfach. Vermehrt wird durch Steckhölzer, die im März bis April vor Beginn des Knospenschwellens geschnitten werden, oder durch krautartige Stecklinge Ende Juni. Relativ einfach ist die Vermehrung durch Ableger. Nach der Blüte werden hierbei kräftige Triebe abgelegt und 10 cm hoch mit lockerer Erde bedeckt.

Zimmerpflanzen
vermehren

Aussaat

Oft herrscht die weitverbreitete Ansicht, Zimmerpflanzen aus Samen zu ziehen sei recht schwierig. Das ist es keinesfalls. Auch die Samenbeschaffung ist im allgemeinen nicht mehr so schwierig wie früher einmal. Es gibt heute eine Vielzahl von Samenhändlern, die Samen von Zimmerpflanzen anbieten. Die Vermehrung der Zimmerpflanzen durch Samen unterscheidet sich in der Aussaattechnik nicht von der ab Seite 15 beschriebenen. In bezug auf Wärme und sonstige Empfindlichkeiten muß jedoch den jeweiligen Arten Rechnung getragen werden. Bei Samen tropischer Pflanzen vermindert sich die Keimfähigkeit oft sehr rasch. Aus diesem Grunde ist eine sofortige Aussaat nach der Ernte oder nach dem Kauf notwendig. In der Regel verlieren die Samen nach sechs Monaten die Keimfähigkeit, einige schon nach einer Woche. Samen in fleischigen Früchten vertragen keine Trocknung, sondern müssen nach der Reife vom anhaftenden Fruchtfleisch befreit und sofort ausgesät werden. Dies gilt für viele Aronstabgewächse, z. B. Anthurie, *Aglaonema* und *Philodendron*.

Die Aussaatzeit richtet sich aus vorgenannten Gründen häufig nach den Eigenarten des Samens, unterliegt also keiner jahreszeitlichen Begrenzung. Man muß dann allerdings die durch mangelndes Licht verminderte Keimintensität in Kauf nehmen, wie es in den Herbst- und Wintermonaten der Fall ist. In den übrigen Fällen liegt das Hauptgewicht der Zimmerpflanzen-Aussaaten wie sonst auch in den Frühjahrsmonaten. Dieser Zeitpunkt hat natürlich sehr viel für sich: Mit ansteigender Sonnenintensität ist die Anzucht wesentlich leichter und sicherer, das Risiko wird unter Umständen kleiner.

Welche Gefäße zur Aussaat von Zierpflanzen verwendet werden, hängt im wesentlichen von der Menge ab, die ausgesät werden soll. In der Regel werden Saatkisten oder Pikierkisten verwendet, wie auf Seite 27 beschrieben. Für kleine Samenmengen haben sich viereckige Blumentöpfe bewährt, wie sie für Kakteen verwendet werden. Eine Direktsaat in Einzeltöpfe oder Topfplatten ist im allgemeinen nicht üblich.

Stecklinge

Bei den Zimmerpflanzen hat die Vermehrung durch Stecklinge einen besonders großen Stellenwert. Zum einen ist ausreichend keimfähiges Saatgut häufig nur schwierig beschaffbar, und zum anderen lassen sich viele Zimmerpflanzen nur auf diese Art und Weise sortenecht vermehren.

Die Stecklingsvermehrung liegt zum Teil jahreszeitlich fest, kann aber bei vielen, besonders bei immergrünen Topfpflanzen, uneingeschränkt während des ganzen Jahres durchgeführt werden, sofern eine genügend hohe Temperatur gewährleistet werden kann. Wer sich nicht mit Vermehrungserden und entsprechenden Einrichtungen abgeben will, kann versuchen, seine Stecklinge in Wasser zu bewurzeln. Viele von Natur aus wüchsige Pflanzenarten wie Tradescantien, Fleißiges Lieschen, Buntnessel, Efeutute und Dieffenbachie bilden

Viele Zimmerpflanzen-Stecklinge, wie Gummibaum, Weihnachtsstern und Birkenfeige, lassen sich mit gutem Erfolg in Wasser bewurzeln.

Eine einfache Methode, um Orchideen zu vermehren, ist das Teilen.

im Wasser willig Wurzeln aus. Auch etwas problematische Arten wie Oleander und Zimmerlinde, selbst Blattstecklinge vom Usambaraveilchen wurzeln im Wasser.

Die Schnittfläche der Stecklinge sollte sich 3 – 5 cm unter der Wasseroberfläche befinden, jedoch nicht tiefer. Die Gefäße sollten nicht aus Metall sein. Für die Wurzelbildung ist es vorteilhaft, wenn dem Wasser eine Prise Blumendünger zugegeben wird (0,5 g bzw. 0,5 ml je Liter Wasser).

Unmittelbar nach der Bewurzelung topft man in Erde ein, denn die Wurzeln dürfen wegen ihrer Brüchigkeit nicht zu lang werden. Eine Pflanzenart, die in der Regel nur im Wasserglas herangezogen wird, ist das Zypergras (Cyperus alternifolius). Man verwendet eingekürzte Blattschöpfe mit einem 2 – 4 cm langen Stielstück. Die Blattschöpfe legt man mit dem Stiel nach unten oder oben in das Wasser. Nach etwa zwei Wochen setzt die Wurzel- und nach weiteren zwei Wochen die Triebbildung ein.

Teilung

Die Teilung ist bei Zimmerpflanzen eine bewährte Methode, um aus einer Pflanze zwei oder mehrere zu machen oder ein zu großes Exemplar einfach zu reduzieren. Sie ist

möglich bei all den Pflanzenarten, deren Neutriebbildung direkt aus dem Wurzelstock erfolgt. Der Vorteil der Teilungsvermehrung ist, daß man keine besonderen Vermehrungseinrichtungen benötigt, die Pflanzen sofort eingetopft und in der Regel an ihren ursprünglichen Platz gestellt werden können.

Durch Teilung lassen sich u. a. die folgenden Pflanzen vermehren:

Schusterpalme	*Aspidistra elatior*
Zypergras	*Cyperus*-Arten
Maranta	*Calathea*- und *Maranta*-Arten
Usambaraveilchen	*Saintpaulia ionantha*
Drehfrucht	*Streptocarpus*-Hybriden
Farne	
Zierspargel	*Asparagus*-Arten
Orchideen	u. a. *Phalaenopsis*

Die Teilung sollte man im Frühjahr zu Beginn der Hauptwachstumszeit vornehmen. Um diese Zeit wurzeln die Teilstücke am besten in ihren neuen Gefäßen ein, und auch sonst

sind die Bedingungen zu dieser Zeit optimal.

Kann man auch einige Zimmerpflanzen, etwa den Zierspargel, einfach durch Zerschneiden des Wurzelballens teilen, so muß bei der Mehrzahl der Pflanzen etwas behutsamer vorgegangen werden. Die zu teilende Pflanze wird ausgetopft, und ehe man sie vorsichtig mit etwas Fingerspitzengefühl auseinanderreißt, wird die alte Erde abgeschüttelt oder der Wurzelballen mit einem Hölzchen aufgelockert. Jedes Teilstück muß dabei mindestens eine Knospe und noch genügend Wurzelwerk besitzen. Kranke, beschädigte und abgestorbene Wurzeln sind ganz zu entfernen bzw. einzukürzen. Die einzelnen Teilstücke werden je nach Größe in entsprechende Gefäße, in frische Erde eingetopft und auf die jeweils angemessene Art und Weise weiter gepflegt.

Bis man neuen Wuchs erkennt, wird nur wenig gewässert. Auch sind die aufgeteilten Pflanzen einige Tage vor direkter Sonne geschützt aufzustellen.

Ableger oder Kindel

Die Vermehrung durch Ableger oder Kindel ist der Teilung sehr ähnlich. Der Begriff Ableger ist im allgemeinen Sprachgebrauch sehr weit gesteckt. Man versteht darunter z. B. luftwurzelbildende Sprosse, die bei Berührung mit Erde zu Bodenwurzeln umgebildet und als Jungpflanzen weiterkultiviert werden können, z. B. bei Mooskrautgewächsen (Selaginellaceae) und verschiedenen Philodendron-Arten. Außerdem werden alle wurzelbildenden Seitensprosse, die direkt an einer Mutterpflanze entstehen, schlechthin als Ableger bezeichnet, z. B. die von Clivien und Kakteen. Nach ausreichender Wurzelbildung kann man die Jungpflanzen von der Mutterpflanze abtrennen und wie geteilte Pflanzen behandeln. Die Ableger der Bromelien sind genaugenommen als Kindel anzusprechen. Die Kindelbildung hat bei den Ananasgewächsen eine besondere Bedeutung, denn jedes Exemplar blüht nur einmal, um dann abzusterben. Aber die Pflanze sorgt nicht nur durch die Bildung von Samen, sondern auch durch die Bildung von Kindeln für ihre Erhaltung und Verbreitung. Diese Kindelbildung macht die Pflanze nahezu »unsterblich«. Wenn die Kindel halb so groß sind wie die Mutterpflanze, werden sie unter weitestgehender Schonung der Wurzeln mit einem scharfen Messer abgetrennt. Je mehr Wurzeln der Ableger hat, umso besser wächst er an. Beim Eintopfen wähle man keine zu großen Töpfe. Als Substrat hat sich bei Bromelien eine humusreiche, durchlässige Erde bewährt (z. B. Einheitserde P mit 1/3 Sand). In den ersten Tagen sollten die Pflanzen bei Temperatu-

Viele sprossende Kakteen lassen sich leicht durch Ableger vermehren.

ren um 25 °C feuchtwarm aufgestellt werden. Läßt man die Kindel bei niedriger Temperatur anwachsen, geht die Bewurzelung viel langsamer vor sich.

Ausläufer

Ausläufer oder Stolonen sind ober- oder unterirdisch wachsende Sproßachsen mit sehr langen Internodien (Abständen zwischen den Blattansätzen), aus deren Knospen sich wieder Jungpflanzen mit sproßbürtigen Wurzeln entwickeln. Durch Ausläufer vermehrt werden u. a. die

Grünlilie (*Chlorophytum comosum*), der Schwertfarn (*Nephrolepis exaltata*) und der Judenbart (*Saxifraga stolonifera*). Bei genügender Bewurzelung werden die jungen Pflänzchen von der Mutterpflanze abgenommen und eingetopft.

Absenker

Die für viele Freilandgehölze gängige Vermehrung durch Absenker, bei der man Triebe der Mutterpflanze in ein Substrat einsenkt und festklammert, ist bei Zimmerpflanzen nicht sehr üblich. Zwar lassen sich viele Schling- und Kletterpflanzen auf diese Art und Weise gut vermehren, z. B. Russischer Wein (*Cissus*-Arten), Efeu, Wachsblume (*Hoya*-Arten) und Philodendron. Man führt einen Trieb über einen Topf mit Erde, schlitzt den Trieb gegebenenfalls etwas ein bzw. entfernt ein Stück der Rinde und belastet ihn an dieser Stelle mit einem Kiesel; oder man klammert ihn mit Draht fest, damit er an den Blattknoten Wurzeln treibt. Haben sich ausreichend Wurzeln gebildet, wird die neue Pflanze abgeschnitten und als Einzelpflanze weiter behandelt.

Vermehrung rankender Zimmerpflanzen durch Absenker in nebenstehende Töpfe.

91

Beim Abmoosen wird der Stamm eingeschnitten und die Schnittstelle mit feuchtem Moos umgeben.

Abmoosen

Mit zunehmendem Alter wächst bei vielen Grünpflanzen die Neigung, die unteren Blätter zu verlieren. Durch Abmoosen kann aus der alten Pflanze eine neue gewonnen werden. Dies geschieht am günstigsten in den Frühjahrs- und Sommermonaten, denn dann ist das Wachstum der Pflanze in vollem Gange, so daß auch die Wurzelbildung schneller vonstatten geht.

In der Höhe, wo sich die Wurzel bilden soll, wird am Stamm ein Diagonalschnitt ausgeführt. Wenn nötig, kann man der besseren Handhabung wegen ein oder zwei Blätter entfernen. Um die Schnittstellen offen zu halten, steckt man ein Zündholz oder etwas Alufolie in die Schnittöffnung. Zur Unterstützung einer guten Wurzelbildung an den Schnittflächen kann die Wunde mit Wuchsstoffen behandelt werden. Darauf umwickelt man diesen Bereich mit gründlich durchfeuchtetem Moos, worin sich allmählich die Wurzeln ausbreiten. Damit das Moos feucht bleibt, muß man unbedingt ein Stück Folie (z. B. Aluminium- oder Plastikfolie) herumlegen und an beiden Enden mit Schnur oder Bast dicht verschließen. Nun ist in der nächsten Zeit dafür zu sorgen, daß das Moos immer gut feucht ist. Die Mutterpflanze wird weiter normal gegossen.

Man kann anstelle des Mooses und der Folie auch aufgeschnittene Kunststofftöpfe mit Erde verwenden. Allerdings benötigt man dann ein zusätzliches Gestell, um das Ganze zu halten.

Hin und wieder ist die Verpackung eingehend auf Anzeichen von Wurzelbildung hin zu untersuchen. Die Wurzelbildung setzt in der Regel nach zwei bis vier Wochen ein und ist nach sechs bis acht Wochen abgeschlossen. Bei schwer vermehrbaren Arten kann es auch mehrere Monate dauern.

Wenn sich durch die Folie eine gute Bewurzelung erkennen läßt, kann die Pflanze unterhalb des neuen Wurzelsystems durchtrennt werden. Die Pflanze wird mit dem Moosballen eingesetzt; je nach ihrer Größe nimmt man einen entsprechend großen Topf. Die Erde wird um den Wurzelballen gut, aber nicht zu fest angedrückt, nachdem die Pflanze in die richtige Stellung gebracht wurde. Danach ist gut anzugießen, und um ein rasches Einwurzeln zu unterstützen, stellt man die Pflanze an einem hellen, aber vor Prallsonne geschützten Standort auf. Auf diese Weise hat man in sehr kurzer Zeit ein ansehnliches Exemplar, das nach Belieben weiter umgetopft werden kann.

Stammstecklinge

Bei Stammstecklingen handelt es sich um blattlose Teilstücke von grünen oder schwachverholzten Sprossen mit einem Durchmesser von einem Zentimeter und mehr. Auf diese Art und Weise werden unter anderem Dieffenbachien, Philodendron-Arten, die Lackblattpflanze *(Schefflera)*, Drachenbäume *(Dracaena)* und Yucca-Arten vermehrt. Mit einem scharfen Messer oder einer Schere wird der Sproß in der Regel in kurze, 3 – 10 cm lange Abschnitte zerteilt; von denen jedes Stück mindestens ein Nodium (Blattansatz) mit einem ruhenden Auge (Knospe) aufweisen muß.

Man kann aber auch längere Sproßstücke mit mehreren Nodien in das Vermehrungssubstrat legen und erst nach erfolgter Bewurzelung und Durchtrieb in kleinere Teilstücke teilen.

Bei der Vermehrung von Yucca und Drachenbaum schneidet man die Stammstücke in solche Längen, wie sie einem angenehm sind. Sie werden dann auch nicht waagerecht, sondern senkrecht gesetzt, am besten gleich in die Töpfe.

Der beste Zeitpunkt für diese Vermehrungsart ist das zeitige Frühjahr. Bei Temperaturen von 24 °C bewurzeln sich die Stecklinge rasch, und die Augen treiben zu neuen Sprossen heran. Ein besonderer Verdunstungsschutz ist bei Stammstecklingen nicht notwenig.

Die Vermehrung durch Stammstecklinge ist für Dieffenbachien typisch.

Eine Sonderform des Stammstecklings ist der **Knoten-** oder **Augensteckling.** Es handelt sich dabei um ein beblättertes, etwa 2–3 cm langes, verholztes Sproßstück mit einem gut ausgebildeten Auge. Durch Knotenstecklinge werden z. B. großblättrige Gummibaum-Arten (Ficus), das Glanzkölbchen (Aphelandra), Hortensien (Hydrangea), Efeu (Hedera) und der Russische Wein (Cissus-Arten) vermehrt. Die Knotenstecklinge steckt man gleich in kleine Töpfe. Um die Verdunstung herabzusetzen, werden größere Blätter zusammengerollt und mit Bast oder einem Gummiring zusammengehalten. Durch die so gebildete Blattröhre wird ein Holzstäbchen gesteckt, damit das Ganze einen gewissen Halt bekommt.
Bei Pflanzen mit gegenständigen Blättern kann das Sproßstück halbiert werden. Man erhält so je Knoten zwei Stecklinge. Solche Stecklinge sind nicht senkrecht, sondern waagrecht zu stecken bzw. auszulegen. Bei Knotenstecklingen ist bis zur Wurzelbildung ein Verdunstungsschutz angebracht.

Blattstecklinge

Bei vielen Zimmerpflanzen sind Blattstecklinge die beste Möglichkeit der Vermehrung. So vermehrt werden z. B. verschiedene Begonien-Arten, das Usambaraveilchen (Saintpaulia), die Drehfrucht (Streptocarpus), der Bogenhanf (Sansevieria), das Flammende Käthchen (Kalanchoe blossfeldiana) und viele sukkulente Pflanzenarten.
Das Usambaraveilchen wird durch ganze Blätter vermehrt. Beste Ergebnisse erzielt man mit etwa fünf Monate alten Blättern mit einem Durchmesser von etwa 4 cm. Jüngere und ältere Blätter bilden zwar auch Wurzeln und Vegetationspunkte aus, jedoch stark verzögert. Die

Blattstiele werden auf 1–2 cm eingekürzt. Je länger der Blattstiel ist, umso länger dauert die Bewurzelung. Die geschnittenen Stecklinge werden dann einzeln in kleine Töpfe oder zu mehreren in größere Gefäße gesteckt. Als Substrat verwendet man eine nährstoffarme Erde, wie sie auf Seite 24 für die Stecklinge vom Sproß beschrieben wurde.
In den ersten zwei Wochen sollten die Blattstecklinge in »gespannter« Luft stehen. Das wird durch Überspannen mit dünner PE-Folie oder mit den auf Seite 25 beschriebenen Vermehrungseinrichtungen erreicht. Vom Stecken der Blätter bis zur Bildung sichtbarer Austriebe vergehen etwa acht bis zwölf Wochen. Pro Blatt entwickeln sich mehrere kleine Pflänzchen. Damit kein Gewirr von vielen Rosetten entsteht, sondern sich schöne Blattrosetten ausbilden können, sollten die Pflänzchen beim Pikieren voneinander getrennt werden.
Durch ganze Blätter lassen sich auch Lorraine- und Elatior-Begonien vermehren. Bei Kalanchoen ist es besser, das Blatt vom Trieb (Sproß) abzureißen und den verbleibenen »Bart« etwas einzukürzen. Blattsteck-

linge von Sukkulenten sind wegen der wasserreichen Gewebe stark fäulnisgefährdet. Man läßt sie daher vor dem Stecken gut abtrocknen. Bei der Königsbegonie (Begonia-Rex-Hybriden) gibt es mehrere Varianten: Man kann einmal das Blatt ohne Rücksicht auf den Verlauf der Blattadern in 2–3 cm große Quadratstücke schneiden. Diese werden dann dem Vermehrungssubstrat aufgelegt oder hineingesteckt. Bei »gespannter« Luft werden dann nach einigen Wochen an den Blatträndern neue Pflänzchen ausgebildet. Bei der anderen Variante schneidet man entlang der Blattadern keilförmige Stücke heraus. Mit dem schmalen Ende steckt man sie relativ dicht in das Vermehrungssubstrat. Man kann auch ganze Blätter auf das Vermehrungssubstrat legen, beschwert sie mit kleinen Steinchen oder steckt sie mit kleinen Drahtklammern fest und schneidet sie an starken Aderverzweigungen durch. An diesen Schnittstellen entwickeln sich nach kurzer Zeit junge Pflanzen.
Bei der Drehfrucht (Streptocarpus-Hybriden) trennt man bei ausgewachsenen Blättern die Mittelrippe heraus, so daß zwei Hälften entstehen. Diese werden schräg in ihrer ganzen Länge in das Vermehrungssubstrat gesteckt. Bei Verwendung kleinerer Gefäße kann man die Hälften auch in kleinere Teilstücke schneiden. Nach Bewurzelung und Austrieb werden die Blatthälften in

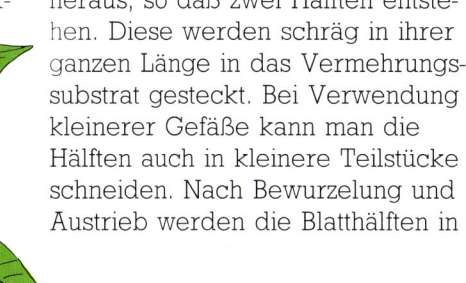

Will man eine maximale Anzahl von Pflanzen erhalten, bietet sich der Knotensteckling an.

93

Stecklinge der Drehfrucht aus Blattstücken.

kleinere Einheiten zerschnitten und pikiert oder in kleine Töpfe gepflanzt.

Eine andere Möglichkeit, die man auch beim Bogenhanf (Sansevieria) anwendet, besteht darin, das Blatt in Querstücke zu trennen und sie so in das Vermehrungssubstrat zu stecken. Dabei müssen die Teilstücke immer mit dem ursprünglich basalen Teil in die Erde kommen. Beim Bogenhanf ist außerdem zu beachten, daß sich auf diesem Wege nur die grünen Arten sortenecht vermehren lassen; bei gelbstreifigen Sorten werden dabei nur grüne Triebe ausgebildet. Eine sortenechte Vermehrung ist hier nur durch Teilung möglich.

Palmen aus Samen

Obwohl es viele Palmenarten gibt, die sich für Zimmer und Gewächshäuser eignen, ist die Auswahl zur Samenanzucht für den Hobbygärner nicht allzu groß. Doch das neuerwachte Interesse an Palmen bringt es mit sich, daß eine Reihe von Samenhändlern auch seltenere Arten im Angebot hat.

Die meisten Arten bleiben nur kurz keimfähig. Zur Keimung ist bei den tropischen Arten eine Bodenwärme von 24–30 °C erforderlich, bei Arten aus den Subtropen reichen

20–25 °C. Das Substrat muß man ständig feuchthalten.

Der Samen wird am besten gleich in Töpfe ausgelegt und doppelt so hoch mit Erde bedeckt, wie er selbst ist. Von buschig wachsenden Arten legt man gleich drei bis fünf

Samen in einen Topf, wodurch sich schneller ansehnliche Pflanzen entwickeln. Beim Herausnehmen aus der Aussaatkiste oder beim Umtopfen darf der Keimling nicht vom Samen getrennt werden, weil sein Nährgewebe noch länger als Nährdepot dient.

Die Keimdauer beträgt je nach Art zwei bis drei Wochen oder zwei bis drei Jahre. Die Tabelle enthält die ungefähre Keimdauer der Samen verschiedener Palmen.

Buschig wachsende Palmen lassen sich in geringem Maße auch durch Teilung oder Abtrennung von Trieben vermehren: Mit einem scharfen Messer wird dazu vom Rand des Ballens ein größerer oder kleinerer Klumpen mit mehreren Trieben abgetrennt und in ein entsprechendes Gefäß gepflanzt.

	Acanthophoenix	2–3 Jahre
	Archantophoenix	6 Wochen bis 3 Monate
Betelpalme	Areca	6 Wochen bis 3 Monate
	Arecastrum	1 bis 2 Monate
Geleepalme	Butia	6 Monate und länger
Fischschwanzpalme	Caryota	2 Monate und länger
Bergpalme	Chamaedorea	4 Wochen bis 6 Monate und länger
Zwergpalme	Chamaerops	1–3 Monate
Goldfruchtpalme	Chrysalidocarpus	2–3 Monate
Kokospalme	Cocos nucifera	2–3 Monate
Ölpalme	Elaeis	2–5 Monate
	Erythea	2–3 Monate
Kentiapalme	Howeia	2–3 Monate, manche auch 8–9 Monate Keimung sehr unregelmäßig
Honigpalme	Jubaea	3–6 Monate und länger
	Livistonia	6 Wochen bis 3 Monate
Kokospälmchen	Microcoelum	2–3 Monate
Dattelpalme	Phoenix	2–3 Monate
Steckenpalme	Rhapis	2–3 Monate
Nikanpalme	Rhopalostylis	2–3 Monate
Königspalme	Roystonea	etwa 2 Monate
	Sabal	2–3 Monate
Hanfpalme	Trachycarpus	1–2 Monate
Priesterpalme	Washingtonia	15–30 Tage

Bezugsquellen

Saatgut

A. Schenkel
Postfach 55 09 27
2000 Hamburg 55
(Exotische Sämereien)

K. R. Jelitto
Horandstieg 28
2000 Hamburg 56

Carl Sperling + Co.
Postfach 2640
2120 Lüneburg

Blossfeld
Postfach 1550
2400 Lübeck 1
(Exotische Sämereien)

Thysanotos
Postfach 448109
2800 Bremen 44
(Samen-Raritäten)

G. Wißmann
Arndtstr. 26
4500 Osnabrück
(Spezialsämereien)

C. Scholz
Postfach 130173
4800 Bielefeld 13
(Stauden)

L. C. Nungesser KG
Postfach 110846
6100 Darmstadt
(Samen von Wildblumen
und Wildpflanzen)

Kaiser & Seibert
Wilhelm-Leuschner-Str. 85
6101 Roßdorf 1
(Stauden-, Gehölzsamen)

G. Köhres
Bahnstr. 101
6106 Darmstadt-Erzhausen
(Kakteen und andere
Sukkulenten)

K. Uhlig
Lilienstr. 5
7053 Kernen
(Kakteen und andere
Sukkulenten)

L. Seik
Pfalzgrafenring 2
7403 Ammerbuch 3
(Exotische Sämereien,
Gehölzsamen)

D. Köhler
Leonhardistr. 28
8201 Biberg
(Wildpflanzen)

Zubehör

H. Meyer
Postfach 1180
2084 Rellingen/Holstein
(Messer, Bindematerial,
Scheren, Gießkannen, Töpfe,
Etiketten)

E. Romberg & Sohn
Postfach 69
2086 Ellerau
(Einzelkornsägerät,
Vermehrungsbeete, Jiffy,
Pikierkisten, Saatkisten)

Torfstreuverband GmbH
Postfach 4820
2900 Oldenburg
(TKS, Torf, Floraton)

Bartscher GmbH & Co.
Calenhof 4
Postfach 45
4787 Geseke
(Kleingewächshäuser,
Vermehrungsbeete)

Krieger Kleingewächshäuser
Postfach 343
5804 Herdecke/Ruhr
(Kleingewächshäuser,
Frühbeetkästen, Vermehrungs-
beete, Heizkabel)

Industrie-Erden-Werk
Erich Archut
Postfach 50
6420 Lauterbach 4
Wallenrod
(Einheitserde)

Gebr. Patzer KG
6492 Sinntal 3-Jossa
(Einheitserde, frux)

Literaturverzeichnis

A. Bärtels, Der Baumschulbe-
trieb; Verlag Eugen Ulmer,
Stuttgart, 1985.

F. Böhmig, 600 Ratschläge für
den Gemüsegarten; Verlag J.
Neumann-Neudamm, Melsun-
gen, 1981.

Feldmaier/McRae, Lilien; Verlag Eugen Ulmer, Stuttgart,
1982.

H. Ganslmeier, Beet- und
Balkonpflanzen; Verlag Eugen
Ulmer, Stuttgart, 1980.

Chr. Grunert, Das Blumen-
zwiebelbuch; Verlag Eugen
Ulmer, Stuttgart, 1978.

Chr. Grunert, Gartenblumen;
Verlag J. Neumann-
Neudamm, Melsungen, 1967.

Hansen/Stahl, Die Stauden;
Verlag Eugen Ulmer, Stuttgart, 1984.

A. Hielscher, Sommerblumen;
Verlag J. Neumann-
Neudamm, Melsungen, 1984.

Jelitto/Schacht, Die Freiland-
Schmuckstauden; Verlag Eugen Ulmer, Stuttgart, 1986.

H. Krug, Gemüseproduktion;
Verlag Paul Parey, Berlin und
Hamburg, 1986.

W. Lötschert, Palmen; Verlag
Eugen Ulmer, Stuttgart, 1985.

K. Peikert, Schöne Pflanzen
selber ziehen; Firma Edm.
Romberg u. Sohn, Ellerau bei
Hamburg, 1983.

U. Ruge, Gärtnerische Samen-
kunde; Verlag Paul Parey,
Berlin und Hamburg, 1966.

U. Sachweh, Grundlagen des
Gartenbaues; Der Gärtner 1,
2, und 3; Verlag Eugen
Ulmer, Stuttgart.

H. Schmid, Veredeln der
Obstgehölze; Verlag Eugen
Ulmer, Stuttgart, 1985.

W. Seyffert, Stauden; Verlag
J. Neumann-Neudamm, Mel-
sungen, 1983.

Sachregister

Abhärten 44
Ableger 73, 74*, 87, 90, 91*
Abmoosen 92*
Abrisse 73, 74*, 87
Absenker 73, 74*, 87, 91*
Anhäufeln 73, 74*, 87
Anzuchtverfahren 16
Augensteckling 93*
Ausläufer 72*, 91
Auspflanzen 44*
Aussaatgefäße 18, 27
Aussaatmethoden 17*, 18*, 41
Aussaatorte 15
Aussaattiefe 18, 41

Balkonpflanzen 37
Beetpflanzen 37
Blattstecklinge 93, 94*
Breitsaat 17*, 42, 43*
Brutknollen 63*
Brutzwiebeln 63*

Dibbelsaat 42, 43*
Direktsaat 18
Drillsaat 42, 43*
Düngen 19
Duftpflanzen 48

Edelreis 81*
Einjährige Pflanzen 7, 8*
Einspitzen, seitliches 86*, 87
Erden 29

F$_1$-Hybriden 12
Frühbeet 15, 28*

Gehölze 67
Gemüse 41
Gewürzpflanzen 48
Gleichstandssaat 42, 43*

Heilpflanzen 48
Hochstämmchen 87
Horstsaat 42, 43*

Jiffy 26*, 28

Kältebehandlung 67
Kaltkeimer 51
Keimtemperaturen 19, 41
Keimung 31*
Kindel 90
Kindelbildung 8
Kleingewächshaus 16
Klengen 11
Knollengewächse 63
Knotensteckling 93*
Kopfsteckling 23, 24*
Kopulation 83, 84*
Kühlbehandlung 51

Langsamkeimer 52

Mehrjährige Pflanzen 7, 8*
Multitopfplatten 27

Obstgehölze 81
Okulation 82*

Palmen 94
Paperpots 29
Pflanzen 44*
Pfropfen 85*
Pikieren 20*, 21*
Pikierkisten 27
Plugs 27
Punktesaat 17, 18*

Quickies 27

Reihensaat 17, 18*, 42, 43*
Rhizomsteckling 55
Rosenvermehrung 79, 79*
Rosettensteckling 55

Saatbänder 13
Saatbettbearbeitung 41
Saatfolien 13
Saatgut 13
– graduiertes 13
– granuliertes 13
– inkrustiertes 13*
– kalibriertes 13
– normales 13
– pilliertes 13*
Saatkisten 27
Saatplatten 13
Samenernte 9*
Samengewinnung 9
Samenkauf 12
Samenreife 9, 10
Samenreinigung 11*
Samenteppiche 13
Schnellkeimer 52
seitliches Einspitzen 86*, 87
Sommerblumen 31
Spaltpfropfen 85
Stammsteckling 23, 92*
Stauden 51
Steckhölzer 75*, 76, 87
Stecklinge 23*, 55, 77*, 89*
Stecklingsgefäße 24
Stecklingsschnitt 23
Stratifikation 67, 68*
Substrate 29

Teilung 53*, 54*, 72, 73*, 90*
Treibkistchen 29
Triebsteckling 23

Umveredlung 86
Unterlage 81*
Unterschneiden 44*

Veredlungsmethoden 82
Veredlungssystem 81*
Vererbung 8
Vermehrungserden 29
Vorquellen 41

Wildtrieb 81*
Wurzelschnittling 56*, 76, 77*

Zapfencontainer 27
Zimmerpflanzen 89
Zweijährige Pflanzen 7
Zwiebelgewächse 63
Zwiebelschuppen 64*

Seitenzahlen mit Sternchen *
verweisen auf Abbildungen